Balsamerad tid

Fotografiet i den postfotografiska eran

Papper från ansvarsfulla källor
Paper from responsible sources
FSC® C105338

Omslagsfoto: Uffe Berggren

Förlag: BoD – Books on Demand, Stockholm, Sverige
Tryck: BoD – Books on Demand, Norderstedt, Tyskland
ISBN: 9789176999295

Balsamerad tid

Fotografiet i den postfotografiska eran

Uffe Berggren

Innehåll

Le voyage d'exploration ne consiste pas à rechercher des terres nouvelles, mais à voir avec un regard neuf.
Marcel Proust: *A la recherche du temps perdu*

Startblocket

Ännu en bok om fotografi? Med några decennier kvar innan det är dags att fira fotografiets tvåhundraårsjubileum borde det mesta vara sagt om fotografi. Världen har dock förändrats under dessa 200 år och synen på fotografiet med den. Fotografiet dök upp på scenen under industrialismens andra århundrade och tekniska landvinningar har under den tid fotografiet funnits påverkat fotografiet kraftigt. Detta är dock ingen bok om de rent tekniska aspekterna på fotografiet eller bildanalys som sådan även om detta berörs här och var i texterna. Fokus i följande texter ligger på seendets, tolkningens och förståelsens psykologi. Hur är fotografiet till sin "natur" och hur det påverkar oss är några frågor jag letat efter svar på i litteraturen. Texterna har naturligtvis kommit att handla om hur fotografier laddas med emotioner och hur dessa startar känslor inom betraktaren – känslor som kan ge oss alla en individuell tolkning och mening med ett fotografi. Intressanta frågor är till exempel om vi kan "se" något i ett fotografi om vi inte har erfarenhet av vad vi förutsätts "se".

Vad är ett fotografi, en målning eller en skulptur annat än ett sätt att fånga betraktarens uppmärksamhet? Upphovsmannen har förhoppningsvis sett något i sin omgivning som hon vill fästa betraktarens uppmärksamhet på. Fotografiet kan, med andra ord, sägas vara en ”fälla” för blicken. Dessa fällor kan vara mer eller mindre effektiva – betraktaren måste arbeta tillsammans med fällan för att den ska fungera. Det beror på att vi inte kan se något i en ”avbildning” som vi inte redan har sett eller att vi inte kan se något som vi inte redan har kunnat föreställa oss. Kan någon annan människa ”tänka” innehållet finns det möjlighet att betraktaren också kan ”se” det.

Att samla fotografier är enligt Susan Sontag att samla på världen (1973:1). Den som samlar försöker etablera kontroll och genom att vi samlar på bilder av världen försöker vi troligen utöva kontroll över något som det är omöjligt att skapa kontroll över. Man kan säga att fotografen, som ”samlar” genom att ta fotografier, försöker ordna upp världen, men står inför en hopplös uppgift. Ändå tar de flesta fotografer, professionella såväl som hobbyfotografer kontinuerligt bilder som gör deras arkiv allt större.

Hur kan det komma sig att fotografiet kommit att spela roll i var mans liv, åtminstone i den västliga världen? Förutom basnivån, där alla som vill ha en ID-handling måste fotografera sig, finns många varianter av fotografier i våra liv som inte är nödvändiga för vår existens. Ändå är vi involverade i betraktande av reklambilder, familjebilder och pressbilder. Dels beror det på att vi, utan egen förskyllan, exponeras för alla dessa fotografier, dels också på att människan förefaller vara konstruerad för att lösa "mysterier", där fotografier kan stå för många, i vår omgivning. Vi kan troligen inte hejda oss, utan ger oss in i fotografier och försöker skapa sammanhang och mening genom att betrakta dem. När vi träder an denna resa in i det landskap som av vissa författare kallas "magiskt" eller "mystiskt" förefaller det som vi drar nytta av alla de erfarenheter vi har i våra försök att skapa något som liknar en personlig mening med det fotografi vi för tillfället interagerar med.

De fotografier vi gör blir efterhand dokument som ger möjlighet att förstå världen. Det finns enligt sociologen Piotr Sztompka två sätt på vilket fotografering kan användas inom vardagssociologin, genom att ta fotografier av sociala situationer och genom att tolka befintliga fotografiska bilder (Sztompka 2008:5). Att ta bilder har många tolkningsområden. Till att börja med väcker det vår känslighet för sociala situationer, eftersom det ersätter det passiva "ser", där otaliga kaotiska intryck bara flyter framför våra ögon, med ett avsiktligt "ser", där vi medvetet väljer och rangordnar bilderna enligt deras betydelse. Tre tekniska egenskaperna hos kameran är till hjälp här, menar Sztompka. Först måste vi fokusera på något, vilket innebär att välja något av högsta vikt i den observerade situationen. För det andra måste vi rama in bilden, vilket innebär att eliminera de funktioner i situationen som anses vara mindre viktiga. För det tredje måste vi bestämma skärpedjupet, för att skilja förgrund från bakgrund. Detta är naturligtvis vardagsmat för den erfarne fotografen, men som insamling av data för sociologiska forskning om vardagslivet försöker Piotr Sztompka betrakta fotografier som underlag. Hans förhoppning är att studiet av fotografier tagna i vardagssituationer ska hjälpa till att beskriva förändringar och förtydliga existerande förhållanden. Vad sker när vi "tar" ett fotografi? En beskrivning som målande ger en målande bild av vad som sker har gjorts av en mexikansk författare (De Haene Rosique 2009:9): *Betrakta, observera, fånga på den mekaniska näthinnan, definiera exponeringstider, hitta ramen, garantera bästa vinkeln, fastställa kompositionen, definiera brännvidd, skärpedjup ... avfyra slutaren för att rycka ett fragment av verkligheten med hög kontrast och halvtoner för att skapa en alternativ verklighet, synlig, påtaglig och tvådimensionell.*

Det är som framgår ingen okomplicerad process. I denna samling texter ligger fokus dock mer på hur betraktaren upplever den redan exponerade bilden än hur fotografen har gått till väga för att åstadkomma den.

Min tanke är att eftersom vi, åtminstone i västvärlden, har dränkts i återgivningar av fotografier har fotografiet tagit en viktig plats i våra liv, vare sig vi vill det eller inte. När jag letat litteratur har det slagit mig hur många olika typer av författare som gett sig på att försöka tolka fotografiet och dess roll i våra liv. De försöker alla svara på frågor som: var är fotografiet, när är fotografiet, hur är fotografiet och varför är fotografiet? En av de mer påträngande frågorna ställs av W. J. T. Mitchell i denna form: "Vad vill bilder, egentligen?" (Mitchell 1996). Det är en fråga, bland många, som återkommer gång på gång i dessa texter.

Mitchell (1994:11) har dock uttryckt farhågan att vi inte riktigt vet vad bilder är och hur deras relation till språket är, hur de fungerar för betraktaren och världen och vad vi ska göra med dem. Det är en samling skrämmande tankar.

Vid summering av texterna i denna samling dristar jag mig att tolka ”budskapet” i texterna. Även om jag kanske inte riktigt förutsåg att det skulle finnas något budskap i dem när jag för en tid sedan började skriva om dem. Den tolkningen går ut på att texterna handlar om vilken relation vi som betraktare har till den fotografiska bilden. Det handlar också om hur betraktaren laddar bilden med ett individuellt innehåll som grundar sig i individens erfarenheter och referenser. Det är sådant som gör att vi som individer kan se helt olika saker i ett fotografi.

Det har skrivits en hel del om fotografi och fotograferande genom tiderna, texterna i det följande gör inga anspråk på att vara heltäckande. Jag vill dock peka på att det inte är något nytt att fundera över fotografiet och dess roll i våra liv. Walter Benjamin, tysk filosof, som skrev mycket om media på 1930-talet, är en inspiration till mina försök. Tankarna i Walter Benjamins ”Little history of photography” var ett uttryck för ett djupt känslomässigt engagemang i en ständigt öppen debatt om estetik som hade utlösts av det gemensamma hoppet om en social revolution, menar Herbert Molderings (2014:335). Utan den empatiska omfamningen av de revolutionära massornas aktioner, som för en litterär figur betyder lika mycket som utsikterna till en ny publik, nya uppgifter och syften: Benjamins perspektiv skulle ha avstått från en stor del av deras känslomässiga impulser. Som enskilt uttryck för den historiskt unika och aldrig-till-vara-upprepade konstverket syntes borgerlig intelligens och marxistisk arbetarrörelse. Walter Benjamins ”Little History of Photography” förblir en skiss som enligt Herbert Molderings mening inte kan bli klar, den är en intellektuell torso där det oavslutade alltid finns som en estetisk form.

I ”Little History of Photography” drar Walter Benjamin onekligen en lans för fotografiet, åtminstone på ett sätt. Walter Benjamin (2008:294-5) konstaterar: *”Det är inte de som inte kan läsa”, så har det sagts, ”utan de som inte kan fotografera som kommer att bli framtidens analfabeter.” Men en fotograf som inte kan läsa sina egna bilder, är han inte någonting ännu värre än en analfabet? Kommer inte bildtexten att bli fotots viktigaste beståndsdel? Detta är de frågor i vilka det avstånd på nittio år, som skiljer oss från daguerrotypin, urladdar sina lagrade historiska spänningar. Det är i skenet från dessa gnistor som de första fotografierna träder fram med en sådan skönhet och oåtkomlighet ur farfarsepokens dunkel.*

Fotografier är enbart en del av alla de bilder som omger oss, dessutom finns teckningar, målningar och skulptur. Jag håller med Sturken & Cartwright (2001:4-5) som skrev en lärobok om visuell kultur: ”Visuell kultur borde förstås, inte enbart av historiker och andra ”bildexperter”, utan av alla oss som i ökande takt möter en förvånande samling av bilder i våra dagliga liv.” Den visuella kulturen finns runt omkring, vi lever nedsänkta i den och vi tolkar ständigt visuella element i våra vardagsliv.

Ordets dominans över bilden har djupa rötter i västvärldens kultur. Det visar sig bland annat genom att bilder ges titlar för att beskriva dem i kataloger. Nick Sousanis försöker i sin avhandling ”Unflattening” (2015) rucka det fasta perspektivet genom att i serietidningsform väva samman olika sätt att se hämtade från vetenskap, filosofi, konst, litteratur och mytologi. Sousanis använder den tecknade formen för att visa att perception alltid är en aktiv process för att integrera och omvärdera olika utgångspunkter. Nu använder jag det skrivna språket, men Nick Sousanis har varit en inspiration vad gäller att tänka kring bilder.

Ofta sker tolkningen med en viss slentrian, i det följande presenteras en del tankar kring det visuella, inte enbart om fotografi. Under arbetet med dessa texter har jag kommit att upptäcka en viss svaghet för André Bazins (1967:14) tankar om att fotografi inte skapar evighet, som konst gör, fotografi balsamerar tiden, räddar den från dess egen undergång. Jag har därför kallat den här samlingen texter för ”Balsamerad tid: fotografiet i den postfotografiska eran” – vilket kan sägas peka på en av de viktiga egenskaper fotografiet har som ett dokument som vi anser visar oss ”hur det såg ut, hur det var”. Dessutom blev jag intresserad av det ”postfotografiska” om vilket mer följer i texterna.

Den postfotografiska eran

Fotografiet idag har, beroende av bland annat tekniska förändringar, en annan framtoning än tidigare. Som underlag för de här texterna har jag samlat litteratur som på ena eller andra sättet uttryckt idéer om fotografiet eller bilder i övrigt som varit möjliga att överföra på fotografier. Tanken var att jag i dessa skrifter skulle hitta argument för när/hur den fotografiska bilden börjar ses som möjlig att betrakta som en fristående konstform. Under läsningen har jag dock insett att de flesta författarna i urvalet koncentrerar sig på vad som är skillnaden mellan alldagligt fotografi och konstfotografi. Därför kommer även denna framställning att behandla denna skillnad. Samtidigt måste vi ha i åtanke att många av konstens discipliner korsbefruktar varandra, så att vad som dyker upp som teman i litteratur, film, foto, musik, skulptur eller måleri inte håller sig inom den snäva nisch där de först presenteras. Ny teknik väcker också nyfikenhet hos personer som vill uttrycka sig, vilket står klart vad gäller användningen av film, video, ljudinspelning eller användning av digitala programvaror. Fotografiet är härvidlag inget undantag. Den digitala utvecklingen har åtminstone lett till att tekniken för att ta fotografier, göra film- och musikinspelningar med acceptabel teknisk kvalitet har blivit ekonomiskt överkomlig för många fler än tidigare.

Undertiteln ”Den postfotografiska eran” på denna

samling av texter indikerar att vi lever i en tid efter den fotografiska eran. Sedan 1990-talet har det funnits beskrivningar av ”den postfotografiska eran” bland annat hos William J. Mitchell (1992) och Göran Sonesson (1999) vars tankar av och till används i dessa texter. Vad menas egentligen med ”den postfotografiska eran”? Handlar det enbart om övergången från analog till digital teknik? Handlar det om att ”det magiska” i film/foto påstås försvinna vid digital fotografering? Handlar det om det fenomenologiska med att film och papperskopior är objekt i motsats till den digitala filen? Den digitala filen blir på sätt och vis inte objekt förrän vid utskrift. Den digitala filen kan leva hela sin existens i digital form. Är det digitala formatet egentligen i lägre grad objekt än den analoga bilden? Kan vi föreställa oss digitala objekt? Den digitala filen har utsträckning och massa – om än i digital form på en hårddisk eller USB-sticka. Råder samma förhållande mellan digital text och analog text i till exempel bok- eller tidskriftsform? ”Finns” inte den digitala texten i till exempel en e-bok förrän den skrivits ut eller tryckts? Handlar det om en omställning vid ett tydligt teknikskifte eller rör det sig om något mycket större? Trots resonemanget om den ”postfotografiska eran” måste vi erkänna att även digitalt fotografi handlar om att ”skriva med ljus”.

Västvärlden sätter agendan för vad fotografiet är och betrakta som. Västvärlden födde fotografiet, vårdade det och etablerade det över hela världen, konstaterar Nikos Panayotopoulos (2002:2). I själva verket blev västerlandets fotografiska historia etablerad som fotografins historia. Väst har skrivit ”grammatik” / syntax för det internationella fotografiet, satt ramen för den fotografiska produktionen och utvärderingen i alla andra länder. Flödet av världens bilder är i huvudsak enkelriktad och västvärlden står för kärnan i bildproduktion och distribution, vilket gör begreppet ”historia” till en synonym för en i efterhand konstruerad genealogi av sig själv. Den semantiska ramen för det fotografiska mediet – det vill säga summan av de principer, regler och traditioner – som dök upp och utvecklades i den industrialiserade västvärlden illustrerar den eurocentriska karaktären hos fotografiet. I den koloniala världen var det mesta eurocentrerat – engelsmännen tog med sig cricket och fotboll som ett led i att lära ursprungsmänniskorna i kolonierna att bli ”engelsmän”. Fotografiet följde i den västliga världens koloniala ambitioners fotspår.

Vi lever, enligt somliga tänkare, i den postfotografiska eran, en släkting till den postmodernistiska eran. Det innebär också att vi lever i en era som är resultatet av en lång utveckling av bildkonsten. Först kom teckningar, målningar, sedan kom vad vi idag kallar fotografier. Under de snart 200 år som vi levt med bilder gjorda enligt fotografiska metoder sedan 1839 då Daguerre exponerade sin första bild har fotografiet funnit sin roll i snart sagt alla kommunikativa uttryck i vårt samhälle. När den moderna tiden pågått ett tag, menar vissa tänkare att vi för att kunna beskriva samtiden mer korrekt måste ha ett nya utryck och kategorier. Vi kan förutsätta att efter den fotografiska eran kommer vi att träda in i, om vi inte redan gjort det, i den postfotografiska eran, i väntan på nästa försök till kategorisering. Handlar då den postfotografiska eran om den digitala tekniken? Med den digitala tekniken konvergerar många uttryck till att återfinnas på samma webbplats där vi hittar texter, video och fotografier och de är tillgängliga genom samma typ av läsare, en dator, en mobiltelefon eller en surfplatta. I den världen blir effekten isolerande och beteendet kan betraktas som undflyende om man är ”off grid”. Frågan är om detta gäller speciellt för fotografi.

Vi kan se något liknande på väg att äga rum, men vi vet antagligen inte om vilka implikationer detta kommer att för fotografiets framtid. Redan nu finns kamerasystem som kan ”tanka ner” bilder av en hel stad i form av den teknik som till exempel Google använder för att bygga två- och tredimensionella kartor med gatuvyer över världen. Här ser vi ibland riktiga gatufoton av människor som äter glass eller kramar varandra.

Vad allt detta innebär är vanligtvis svårt att överblicka, det blir som bäst en spådom om hur den digitala tekniken kanske kommer att påverka den fotografiska framtiden. Redan det sätt på vilket den fotografiska bilden idag kan framställas med datorhjälp innebär att kameran blivit ett nytt verktyg, som inte kräver särskilt mycket ansträngning och åratal av träning för att skapa hyggliga fotografier. Istället kan vi lägga kraften på att förstärka våra minnen, våra idéer om de berättelser som finns att fånga och uttrycka i vår omvärld, som om vi förstärker vår egen kropp och börjar likna en cyborg med den digitala kameratekniken för förlängning av vårt kunnande. Vi har dock ännu inte en kamera inopererad i vår kropp, men med miniatyriseringen som pågår så är vi på god väg. Vi kan ha så kallade action-kameror fastspända på kroppen (eller i kroppen) och på våra kläder. Tekniken används av vissa polisstyrkor för att skapa sammandrag av skeenden vid polisingripanden. Med ytterligare miniatyrisering blir det inom kort svårt att upptäcka om någon bär en kamera på sin kropp som med tiden kommer att innebära att vi kan ta fotografier eller videofilma i hög upplösning kontinuerligt på en promenad. När vi kommer hem är bildmaterialet strax färdigt att distribueras på nätet.

Knappt synliga kameror som en tämligen integrerad del av våra kroppar: vad kan egentligen vara mer postfotografiskt än det? Vi vet att bilder idag tas i en omfattning som vida överstiger den volym bilder som togs på 1950-talet. Handlar det postfotografiska om att inte längre ”skriva med ljus”? Troligen inte, vi befaller fortfarande vår omgivning att ge oss sina berättelser och omgivningen gör det med ljusets hjälp. Betydelsen av förleden post- kan ha att göra med att vi numera inte är speciellt uppmärksamma på kameror eftersom vi vet att det finns en kamera i varje hörn av vår tillvaro. Det svåra har blivit att avgöra om vi befinner oss ”i bild” och om vi kommer att få se några ”bra bilder” fyllda med berättelser under den postfotografiska eran. Den kontinuerliga fotoseans våra liv tenderar att bli utgör en motsats till det traditionella fotografiets som alltid varit ett utsnitt av verkligheten.

Kanske marknaden för fotografier kommer att mättas? Möjligen om vi resonerar för professionella fotografer, som redan idag har svårt att skapa sin utkomst. Naturligtvis är det inte möjligt att föreställa sig att bilder inte skulle produceras i framtiden. Intressant är dock att rätten att ta fotografier på allmän plats är under angrepp i form av ett EU-förslag om att förbjuda fotografering av arkitektur, statyer och ”landmärken” som har en identifierbar upphovsman i form av en arkitekt, konstnär eller liknande. Förslaget är högaktuellt i Sverige. Det handlar om allt det som finns i fonden när vi går genom en stad. Det är ett illavarslande tidens tecken att flödet av bilder riskerar att inskränkas. En fundering handlar om vilka kostnader kontrollen av efterlevnaden av sådana förbud kommer att innebära.

Det finns idag förslag på inskränkningar i rätten att fotografera i vår omgivning. Ett exempel är Ungern som tagit beslut om kraftiga inskränkningar. Om vi alla får fotografera vad vi vill och kan kommer vi att skapa berättelser över allt i världen. Om förbud mot viss fotografering introduceras i den värld vi tar för given landar vi onekligen i den postfotografiska eran. Ingen vågar ta bilder i det offentliga rummet längre, eftersom det blivit straffbart. Återstår bilder från de privata rummen, som kanske inte är så intressanta att visa i det offentliga rummet.

Verkligheten i digital form

Blir bilderna av verkligheten annorlunda när de uppträder i digital form? Denna samling av texter kommer att beröra dessa frågeställningar ganska ofta. Dels för att vi nu levt med video och foto i digital form i ett kvarts sekel, dels för att många hävdar att det digitala har förändrat vår syn på bilder. Det pågående och troligen inte inom överskådlig tid slutförda teknikskiftet inom fotografiet ger tillfälle att ställa frågor om vad som händer med innehållet (meningen) när tekniken som bär innehållet ändrar karaktär. Många av de författare jag förlitar mig på för framställningen i dessa texter kan kallas semiotiker eller fenomenologer. Vad är då semiotik och fenomenologi? Semiotik (av grekiska semeion: tecken) är ett samlingsnamn för teorier om och studiet av tecken. Semiotiken som vetenskap eller disciplin studerar hur betydelser uppfattas, och mening bildas, i kommunikativa situationer, dels i de tecken vi använder i skrivet och talat språk, dels hur de förekommer i andra förmedlande resurser såsom gester, bilder, fysiska ting och biologiska processer. Fenomenologi (av grekiska fainomenon, det som synes) är en teori och metod inom filosofin, läran om fenomen och väsen. Inom fenomenologin studeras särskilt förhållandet mellan varseblivningen och objekten för varseblivningen, samt söker förklara eller beskriva idéer och väsen för oss, så som de ter sig för oss. Fenomenologin studerar därför inte primärt kausala samband mellan objekt.

Sarah J. Kember (2008:175) menar att fotografiet inte dog den digitaliseringsdöd som hotade i slutet av 1900-talet. Snarare har digitaliseringen inneburit att det idag finns mer fotografi, möjligen av fler typer, än någonsin tidigare. Kember menar att vi efter 150 år inte är riktigt säkra på vad fotografi egentligen är, anledningen till detta hänger delvis samman med utbyggnaden av ett begränsat sortiment av disciplinära och konceptuella ramverk. Hur mycket har teknikskiftet inom fotografi påverkat fotografierna och upplevelsen av fotografier? Det viktigaste är troligen den andra delen av frågeställningen: hur kommer teknikskiftet från analogt till digitalt att påverka vår upplevelse av fotografiet och därmed den mening vi tillmäter det? Det är vad vi oftast kallar en berättelse i bilden. Om vi inte tillmäter ett kulturellt utryck som fotografi möjlighet att bära med sig innehåll, eller mening, kommer vi att diskvalificera det som kulturyttring.

En ny teknik för avbildning

Stockholmsutställningen 1866 blev enligt historien begynnelsen för fotografin i Sverige (Bremmer 2015:85-6). På en av industrihallens läktare har fotografen Johannes Jaeger ställt upp sin kamerautrustning för att fånga denna scen. Efter en snabb framkallning och kopiering skickas fotografiet med häst till Ulriksdals slott, där den sängliggande monarken får betrakta scenen bara någon timme efter att den skett. Redan dagen efter återberättas episoden i dagspressen, samtidigt som bilden finns till försäljning på utställningsområdet. Jaegers fotografi säljer säkerligen mycket på sin kungliga glans, men lika säkert som en bild av själva utställningsupplevelsen. Kameran har fångat Industripalatsets så karaktäristiska "villande mångfald" av människor och objekt, dess överflöd av artiklar.

På Konst- och industriutställningen i Stockholm år 1897 visades också fotograferingsutrustning och kom nu närmare besökaren, genom att det var möjligt att hyra utrustning. De medieteknologier som visades upp för publiken på utställningen i Stockholm – bland annat de tre "skriftmaskinerna" fonograf, kinematograf och fotografi – användes på samma gång för att dokumentera och lagra utställningen för framtiden (Ekström, Jülich & Snickars 2006:9). Naturligtvis var detta en tid då gemene man inte hade tillgång till kamera. Det fanns även restriktioner för fotografering på utställningsområdet för vanliga besökare. En typ av kamera som tog "mindre" bilder hyrdes ut av bland andra fotofirman Sven Scholander. Kamerorna kunde ta bilder i format 8x8, 9x12 eller 12x16,5 cm. Hyran för kameran som tog bilder i format 8x8 cm var 35 kr (Ekström, Jülich & Snickars 2006:10). En typograf hade vid den här tiden en veckolön på 25-30 kronor (Kommerskollegium 1903). Vi kan antagligen anta att det inte var de enklaste medborgarna som hyrde kameror på Konst- och industriutställningen 1897. När fotografiet i mitten av 1800-talet trädde in på den publika arenan blev det, föga förvånande, mottaget med den tidens sätt att tänka, skriver den fotograferande akademikern Victor Burgin (1982:10). Vad bilden anbelangar kom kritiken att handla om realism kontra romantik. Kritiken av romantikens filosofiska grundstenar kom från Auguste Comtes positivism. Intellektet formar inte den yttre verkligheten, som Immanuel Kant såg den, utan snarare den objektiva världen som själv måste styra vårt tänkande. För att göra det krävs att vi accepterar att den verklighet vi kan se och röra är den enda som finns, skriver Burgin. Romantiken, å ena sidan, betonade författarens företräde: Delacroix skriver 1850 att målningen inte är mer än en "svepskäl", en bro mellan konstnärens sinne och åskådarens. Realism, å andra sidan, hävdade världens företräde: enligt Courbet kan målning av konst bara skildra "verkliga och existerande saker", en enhet som är abstrakt är inte inom sfären av målningens sfär. Det förefaller som om denna diskussion, enligt Burgin (1982:10), kom att handla om "innehållet" i bilden, vad vi kan kalla mening eller budskap. Realismen betraktades som mer sann är den romantiska skildringen av verkligheten. Vi såg under 1950-talet exempel på spelfilm och skönlitteratur som bildade underlag för myntningen av begreppet "diskbänksrealism". Detta "industriella" sätt att tänka kring och ta till sig fotografiet, som var en teknisk landvinning bland många andra under 1800-talet, var antagligen legio för ny teknik vid denna tid.

Fotografiet hjälper oss att tänka. Den slovenske forskaren Ilija Tomanić Trivundža (2014:217) ansluter till tanken att fotografiet, när det uppfanns under första halvan av 1800-talet, uppfattades som en symbol för rationellt västerländskt tänkande och vetenskapliga metoder för att tillägna sig (kuva) världen. I början av 1900-talet hade fotografiet förvärvat en aldrig tidigare skådad social status som ett sätt att (visuellt) arkivera, både som visuella fakta och i praktiken att visualisera fakta. Fotografiet lyckades bevara denna status till början av 2000-talet efter att ha vittrat under attacker om de ontologiska osäkerheter som tagits upp av den digitala tekniken, som visade sig handla mer om uppståndelsen än om mediets död. I denna förenklade och allmänt accepterade berättelse, marscherar fotografiet i takt med modernitetens projekt av webersk besvikelse över världen och verkar vara ett uppvisningsexempel på dess "rationalisering och intellektualisering". Fotografi kommer alltså att betraktas som "modern vision i alla bemärkelser, men framför allt i sin allians med den moderna epistemologins vision genom sin realism". Fotografiet fyller sin roll väl för att dokumentera och diskutera den moderna världen. Kanske detta handlar om fotografiets till synes realistiska uttryck. Det är lätt att "tro" att ett fotografi är sant, det vill säga, skildrar ett ögonblick som ägt rum, som i sin tur står för ett fragment av en tid och en plats.

Fotografiet står inte alldeles ensamt inför betraktaren. Magnus Bremmer (2015:17) menar att fotografins historia är inte enbart en historia om bilder. Det är också en historia om ord. Den samtida publikens första fotografiska erfarenhet var sällan just fotografiska bilder, utan i stället de nyvakna rapporter och efterhand alltmer utförliga vittnesbörd i dagstidningar och tidskrifter som spreds över världen 1839 efter att daguerreotypin presenterats för Franska akademien i januari samma år. När fotografiska bilder väl började spridas i tryckta utgåvor – först med hjälp av manuella reproduktionstekniker som litografin, så småningom som inklistrade papperskopior – flankerades de i regel av en beskrivande, förklarande text. Det tryckta ordets närvaro i 1800-talets spridning och konsumtion av fotografiska bilder är påtaglig. Än idag konstateras rutinmässigt att ”vi sällan ser ett fotografi som inte åtföljs av ord”, som Victor Burgin framhållit. Detta visar att tanken på att ett fotografi ska kunna stå på egna ben, utan att beledsagas av text inte riktigt har en historisk bakgrund.

Magnus Bremmer menar också att fotografiet i begynnelsen ofta hyllades för sin detaljrikedom, men att just detta överflöd av detaljer sågs som ett problem: *Men kritiker menade också att fotografier visade för mycket, att de var för detaljerade. Det konstaterades att fototeknikens mekaniska avbildning gjorde bilden urskillningslös, att den inte förmådde skilja de väsentliga detaljerna från de oväsentliga. Vissa menade att fotografiet rentav gjorde sina betraktare distraherade. Vad skulle man egentligen titta på? ”Fotografien lämnar ögat i sticket”.* (Bremmer 2015:10).

Innan fotografiet illustrerades böcker och tidskrifter med olika typer av tecknade bilder och tecknaren kunde utelämna ”ovidkommande” detaljer.

Grälet om realism i konsten har sin grund i ett missförstånd, hävdar André Bazin (1967:12). Konflikten bygger på en sammanblandning av det estetiska och det psykologiska – mellan verklig realism, behovet att ge vederhäftigt uttryck för världen, både konkret och dess väsen – och bedrägeriets pseudorealism som syftar till att lura ögat (eller för den delen sinnet). Det är därför som medeltida konsten aldrig passerat denna kris; samtidigt livfullt realistisk och mycket andlig, visste den ingenting om det drama som uppdagades som en följd av den tekniska utvecklingen. Perspektiv var arvsynden i västerlandets målarkonst. Nu är Bazin en smula yvig, men hans kommentarer om sammanblandningen av det estetiska och det psykologiska är intressant. Fotografiet, även i form av privatfoton, kan tyckas vara laddade med en dynamisk kraft som många tänkare gett sig på att försöka förklara. Mer om detta i avsnittet ”Att läsa bilder”.

Vad är fotografi – film eller datorfil?

Under de senaste decennierna har skapare av fotografier, liksom upphovsmän av andra mediala uttrycksformer, fått lära sig att den digitala tekniken påverkar mediet. Påverkan sker på olika sätt. Dels finns det en snabbhet i den digitala fototekniken, som svarar mot till exempel medias krav på nästan omedelbar publicering på nätet idag, dels finns farhågor om att den digitala bilden inte är lika organisk som den traditionella analoga fotograferingen. Vissa resonemang är nostalgiska, som att använda handsåg istället för elsåg när du snickrar på sommarstugan. Andra invändningar handlar om uttrycket. Kan den digitala bilden verkligen förmedla det uttryck som upphovsmännen försöker lägga in i den? De följande texterna är ett försök att ge en orientering i hur tankarna kan gå. Samtidigt ska jag inte sticka under stol med att det som uttrycks här till stor del gör det eftersom det passar min syn på fotografiet.

Den kanadensiske kommunikationsteoretikern Marshall McLuhan (1967:40) såg redan på 1960-talet hur media samarbetar och tillsammans skapar något nytt: ”inget medium har någon mening eller existens på egen hand, utan endast i ständigt samspel med andra media.” Vi kan kanske förnimma detta tydligare idag när vi ser hur den digitala tekniken har medfört en konvergens av gamla medier och dessutom skapat medieformer som inte fanns tidigare. Det kanske snarare handlar om att gamla medier konverteras i enlighet med rådande teknik och utvecklas med start i det gamla. En kämpande kulturtidskrift som slutar trycka på papper och går över till nätpublicering kan vara ett exempel.

Det finns dock saker som gör att det idag kanske är dags att summera tankar om vad fotografi är och gör. Vi tar fotografi så för givet idag att det kan vara mödan värd att göra tillbakablickar. Vi kan i tanken flytta oss tillbaka till den tid då industrialismen och modernismen fått ett fast grepp om det västerländska tänkandet. Det betyder att de äldsta, här citerade, skrifterna publicerades på 1920-talet.

När det gäller att tolka bilder eller fotografier kanske vi blivit mer blasé, men det är inte alls säkert att vi ens tolkar bilder på ett subjektivt sätt. Det är möjligt att bildtolkning är något vi lärt oss av det kollektiv vi lever inom. Människor i andra kulturer kan tänkas tolka bilder på ett annat sätt än vi lär oss att göra i Europa, men för oss är det den europeiska tankelinjen som råder.

Demokratisering av fotografiet

Den första tanken handlar om att det först är nu, efter

introduktionen av digital fototeknik, som fotografiet kan betraktas som en demokratisk uttrycksform i den utvecklade delen av världen. För att fotografera måste vi ha tillgång till kamera och idag, även dator eller mobiltelefon. Vi behöver dock inte vara häxmästare i det analoga mörkrummet längre, vi kan initialt nöja oss med enkla bildbehandlingsprogram som finns att ladda ner gratis från internet eller följer med kameran vid köp. Med bildbehandlingsprogram kan vi ”bättra på” våra bilder efter tycke och smak. Vi behöver inte vistas i det analoga mörkrummets skumma gula ljus och bli deprimerade av brist på dagsljus. Dagens utveckling förutsågs bland annat av den amerikanske framtidsforskaren Alvin Toffler, som med en annan nomenklatur i sin ”Future Schock: The Third Wave” från 1980 beskrev det digitaliserade nät som sammankopplar oss idag. Tofflers synpunkter var insiktsfulla, men vi ska inte glömma att andra som siade om framtiden skulle ha förefallit minst lika insiktsfulla om deras spådomar slagit in.

Den digitala utvecklingen för med sig tankevolter som vi måste lära oss att hantera. Den australiska kulturforskaren Joanna Saasson (2007:299) har argumenterat för att vi genom direkt omvandling av ljus till ett digitalt format skapar en stabil bild, vilket kan tydas som att fotografier som enbart existerar i digital form i ett sammanhang kan betraktas som en sannare version av fotografi (skriva med ljus) än de som kräver skapandet av en fysisk mellanhand för att visa bilden i materiell form. Även tanken att ett originalfotografi har ett unikt värde just ”på grund av sin status som ett fysiskt objekt" behöver omvärderas i det digitala sammanhanget. Vi har kommit till en skiljeväg där vi med ett knapptryck kan göra en digital kopia av en digital kopia, gång på gång. I slutänden är de allesamman identiska. Förutom alla upphovsrättsliga problem detta medför kan det också innebära att den gamla uppdelningen i original och kopia tillhör det förflutna. Är originalet den fil som ligger på min hårddisk eller kopian som ligger på din? Upphovsrätten menar att det är min som är originalet, eftersom jag tog bilden, medan din klon är en kopia, även om den i allt väsentligt, förutom datumet är likadan som min.

Kultureliten har alltid haft svårt att acceptera "konstnärliga" fotografier som konst. Pierre Bourdieu (1980:9) resonerade på 1960-talet kring klassaspekterna på fotografi och menar att det är de vaga föreställningarna om relationer inom den egna klassen och gentemot andra klasser som formar vår bild av fotografiet. Vi uttrycker i de fotografier vi gör våra relationer till den omedelbara omgivningen, samtidigt som vi flörtar med de idéer som finns om fotografiet i den intellektuella eliten. Det är på detta sätt som medlemmar i fotoklubbar försöker förbättra sig kulturellt genom att försöka förädla fotografi och få grepp om de högre konsterna. Förhållandet mellan individer och fotografiska metoder är i huvudsak en medlarrelation, eftersom den alltid innehåller hänvisningen till förhållandet medlemmarna i andra samhällsklasser har till fotografering och därmed till hela strukturen av relationer mellan klasserna. Bourdieu pekar på det populistiska i fotografiet, samtidigt som han menar att utövandet av fotografering är ett sätt att närma sig det intellektuella elitskiktet. Där finns kanske en drivkraft gör att även en amatörfotograf med "rimlig" arbetsinsats kan åstadkomma ett fotografi, som andra kan uppleva som spännande.

Den amerikanska författaren och filmaren Susan Sontag (1973:8) är också inne på att fotografiet inte bara är resultatet av ett möte mellan en händelse och en fotograf. Fotografering är en händelse i sig och en med allt mer tvingande rättigheter – för att störa, att invadera eller att ignorera vad som *händer*. Vår känsla för situationen artikuleras nu av kamerans interventioner. De överallt närvarande kamerorna tyder på att tiden består av intressanta evenemang, händelser som är värda att fotografera. Detta, i sin tur, gör det lätt att känna att alla händelser på gång, oavsett deras moraliska karaktär, bör tillåtas att slutföra sig själva – så att något annat kan föras in i världen, nämligen fotografiet. Vi väntar in skeendet och gör en bild. Sedan händelsen har avslutats kommer bilden fortfarande att existera och ger händelsen en sorts odödlighet (och mening) den annars aldrig skulle ha haft. Medan riktiga människor är ute där och dödar sig själva eller andra riktiga människor, stannar fotografen bakom sin kamera, skapande en liten del av en annan värld: den bildvärld som kommer att överleva oss alla. Fotografen skapar ett slags arv av tid och händelser. Använder vi André Bazins terminologi så balsameras tiden.

Fler konstnärliga fotografier

Den andra tanken innebär att denna ganska färska verkliga demokratisering av fotografiet att allt fler ger sig på att skapa mer konstnärliga fotografier. Den digitala tekniken och billiga moderna kameror är inte så mycket mer förlåtande än analoga kameror vad gäller teknisk okunskap. Ett par frågor man kan ställa sig är om fotografen är de bilder hon skapar? Varför finns det så många fotografier som liknar varandra? Kanske handlar detta om att en metod att lära sig är att härma. Vi vill kunna göra fotografier som är parafraser på fotografier som gjort intryck på oss. Med härmning som enda läromästare riskerar vi dock att konservera en bildestetik, som redan stagnerat, i ännu hårdare former. Att ta lite mer ambitiösa fotografier handlar möjligen om ett sätt att uttrycka sig, att förädla en slags mening. Då blir fotografiet ett slags språk. Som alla andra språk lär vi oss dem genom att härma. Till slut kan vi kanske uttrycka oss fotografiskt.

Få av oss skaffar ett eget språk – jag talar en engelska som är ett mischmasch av amerikansk och brittisk engelska, min franska får de fransktalande att artigt fråga om jag är holländare. Jag imiterar mer eller mindre bra, men jag har ingen egen engelska, ingen egen franska, medan jag hävdar att jag har en egen svenska – där jag också kan variera uttrycket.

Fotografiet som konstform

En tredje tanke handlar om att fotografi fortfarande, snart 200 år efter sin uppkomst fortfarande ofta betraktas som en slags andra rangens konstform. Den franske poeten Charles Baudelaire, skrev 1859 om fotografi: ”Om fotografering tillåts att komplettera en del av konstens funktioner, kommer den genast att tillskansa sig och fördärvade den, tack vare fotografiets naturliga allians med pöbeln. Fotografiet måste därför återgå till sin rätta uppgift, vilket är att fungera som tjänarinna av vetenskap och konst.” (återges i Benjamin 2008:294)

Vi anar en viss elitistisk syn på världen, men det var också en annan värld än den vi lever i omkring 150 år senare. Baudelaire lät sig dock förtjusas av fotografiet och det bidrog i hög grad till hans poesi. Vi ser dock hans inställning till fotografiet, det är inte ”riktig” konst. Vi ska inte glömma att de som vid denna tid överhuvudtaget sett en fotografisk bild var få, fotografiet som produktionsform för bilder kunde fortfarande sägas ligga i sin linda.

Andra såg möjligheterna med den alltmer tillgängliga fotografitekniken. Konstnären och fotografen Man Ray (1974:71), som var djupt engagerad i fotografi under det tidiga 1900-talet, berättar om sin syn på fotografi i sin självbiografi:”Jag hade aldrig delat det förakt andra konstnärer visat för fotografin; det finns ingen konkurrens, snarare följde de båda medierna skilda vägar. Detta bekräftades när jag mötte framstående fotografer, som också var målare och nyttjade de båda uttrycksmedlen samtidigt utan att det ena inkräktade på det andra. Jag beundrade och avundades dem.”

Man Ray såg möjligheterna med fotografiet och brydde sig inte om begränsningarna eller försökte snarare övervinna dem. Man Ray kan således sägas ha varit fördomsfri i sin hållning gentemot fotografiet.

Den franske semiotikern Roland Barthes (1993:96) resonerar kring det binära förhållandet mellan livet och döden i historiska bilder. I varje fotografi som avbildar en människa är döden alltid närvarande. Ett fotografi av en människa berättar för betraktaren både vad som är dött och vad som ska dö i framtiden. Detta är vad som fångar betraktaren i bilden, det som Barthes kallar ”Punctum”. Speciellt kanske detta framgår klart när vi betraktar en bild av oss själva med någon, eller båda, av våra föräldrar där vi själva finns med i bilden. I min ålder är föräldrarna sedan länge borta och jag ser på en sådan bild klart vem som står på tur att omfattas av döden. Anledningen förefaller främst att vara att jag, när jag nu betraktar bilden, har tillgång till facit.

Mediehistorikerna Gitelman & Pingree (2004:xii) konstaterar att när nya medier dyker upp i ett samhälle är deras plats till en början dåligt definierad. De nya mediernas slutgiltiga betydelser eller funktioner formas över tid genom samhällets befintliga medievanor, genom gemensamma önskningar för nya användningsområden och genom långsam anpassningsprocess mellan de två. Det kan antagligen också sägas om digitaliseringen, som är en teknikomvandling som påverkar medias framställning och distribution på ett genomgripande sätt. Trots att vi idag använder fotografier och dess rörliga syskon, filmen, i många sammanhang kanske vi ändå inte har sett den slutgiltiga användningen av fotografiet. Kan vi utröna hur den konkreta användningen av fotografiet ser ut? De flesta som försöker sig på förutsägelser om framtiden misslyckas. Någon del i den tekniska utvecklingen går snabbare än andra och vi upplever tekniska möjligheter vi inte kunnat förutse.

Alvin Toffler var dock redan 1980 hyggligt ackurat i sin framtidsvision. Toffler förutsåg att vi skulle vara sammankopplade och dela information, bland annat fotografier, med varandra. Andra, som IBM:s styrelseordförande Thomas Watson, konstaterade 1943: ”I think there is a world market for maybe five computers.” Watson talade dock inte om persondatorer och vi ska komma ihåg att det är lätt att vara klok när vi har facit i handen.

Hur fungerar då delaktigheten i detta sammankopplade internet? Vad händer när amatörer och medieföretag möts? Den svenske medieforskaren Henrik Örnebring (2008:783) har studerat vad som kallas ”användargenererade” bilder i dagstidningarnas nätupplagor. Örnebring menar att användarna, trots styrförsök från ägare lyckas skapa populärkulturellt orienterat innehåll och personligt/vardaglivsinriktat innehåll snarare än nyheter/informationsinnehåll. Direkt brukarmedverkan i nyhetsinsamlingen, urval av nyheter och nyhetsproduktion är minimal och när den finns (som i Läsarbladets avsnitt läsartiklar) visas de inte visas på samma sätt som material som produceras av de sedvanliga journalisterna. Den enda läsarmaterial som ges samma status som material som produceras av nyhetsorganisationen är läsarfoton på nyhetshändelser. De följs ofta av en byline av typen ”FOTO: Privat”. Nyheter/informativt användarinnehåll (främst foruminlägg) produceras främst som svar på eller i förhållande till material som producerats av nyhetsorganisationen (dvs. användarkommentarer och diskussion av publicerade nyheter). Strukturerna för användargenererat innehåll tillhandahålls av tidningarna snarare än att de skulle vara "självorganiserande" och produceras av användarna själva. Produktionen är fortfarande centraliserad istället för fördelad. Det som Örnebring tar upp är ett av de många resultat som digital teknik hittills har medgett.

Intressant är också att det analoga fotograferandet ännu inte är helt ersatt av det digitala. Det kan bero på tekniska brister i den digitala tekniken om fotografen har speciella krav på bilder, men det kan också handla om generationsskiften. De amerikanska mediehistorikerna Gitelman & Pingree (2004:xiii) talar om media i allmänhet när de beskriver två trender som viktiga. Den första är tanken på att varje nytt media slukar sina föregångare, så att till exempel den tryckta boken är dömd att lämna plats för digitala texter. Den andra är tanken på transparens, det vill säga att ju nyare ett medium är desto mindre skulle det påverka budskapet. Här finns en tank, som jag menar indikerar en tro på att nyare teknik skulle vara mer perfekt och på så sätt inte medföra en störning av det eventuella budskapet.

På så sätt befriar denna nyvunna transparens information som tidigare "fastnade" i den äldre tekniken. Om vi applicerar det på fotografi kan vi tänka oss att redan bruket av inbyggda ljusmätare i kameran skulle ha befriat information, eller åtminstone gjort det lättare för andra än professionella fotografer att ta tekniskt acceptabla foton. Med det programval som även tämligen billiga digitala kameror och kameramobiler med automatik innehåller, blir tekniken än mer transparent och gör det enklare för gemene att ta tekniskt hyggliga foton. För den som lärt sig den traditionella tekniken är detta naturligtvis inte "riktigt" fotografi.

Osagt är om tekniken i sig frambringar bättre information. Det är antagligen sant att det idag tas långt många fler fotografier varje dag än någonsin förr. Om fotografiet ska betyda något för någon annan än fotografen och den närmaste kretsen krävs mer än enbart teknik. Vad den digitala fototekniken innebär kanske ännu inte, som Gitelman & Pingree (2004:xv) menar, har fått sin slutgiltiga mening och sitt användningsområde fastslaget av allmänheten. Denna osäkra status för det digitala fotot kan vara det som både attraherar och stöter bort användare. En invändning mot kvaliteten i den digitala fototekniken är att enbart antalet användare gör att de som fortfarande anser att den är tekniskt undermålig står mot de som inte bryr sig, utan använder tekniken som den är.

Nya media brukar starta som en imitation av något de ersätter, som böcker som ersatte bokrullar och internet som har "sidor" i analogi med boken, sedan kanske de etableras som något alldeles eget. Vi har ännu inte sett slutet på vad den digitala tekniken kan leda till för vad vi fortfarande betraktar som fotografi och film. Även om Gitelman & Pingtree delvis har rätt i att nya media slukar sina föregångare lever gamla media kvar genom att vi överför begrepp från den gamla tekniken för att beteckna motsvarande delar i den nya. Vi kan kanske se hur vi med tekniska landvinningar i princip "moderniserar" de problem vi har, vi bär med oss dem in i de nya teknikerna.

Lisa Gitelman (2006:6) hävdar att landskapsfotograferingens definierande vetenskapliga eller självklara kvaliteter har sin bakgrund i artonhundratalets praxis vad rör illustration och berättande lika mycket som i någon precisering som är inneboende i fotografier till skillnad från målade panoraman eller andra former. Introduktionen av nya media är aldrig helt omstörtande, den är i lägre grad en kunskapsteoretisk sönderslitning än socialt inbäddade platser för pågående förhandling om meningen som sådan. Att jämföra och kontrastera nya medier erbjuder därmed en syn på förhandlingen som sådan – det vill säga om de omtvistade kraftförhållanden som bestämmer på vilka vägar nya medier så småningom kan bli en del av vardagen. Även om tekniken kan tyckas få en snabb etablering, så sker den alltså inte över en natt. Här har teknikutvecklingen något gemensamt med den "konstnärliga" acceptansen.

Bromsandet av fotografering som konstform är en påvisad realitet. Pierre Bourdieu (1990:7) påpekade redan på 1960-talet att något i det etablerade samhället bromsar en alltför vid utveckling av fotografiet som konstform. Medan allt skulle leda en till att förvänta sig att denna verksamhet, som inte har några traditioner och inte ställer några krav, skulle lämnas över till enskild anarkistisk improvisation, tyder det istället på att det inte finns något mer reglerat och konventionellt än fotografiska metoder och amatörfotografier: vid tillfällen som ger upphov till fotografering, som föremål, platser och människor som fotograferats eller själva kompositionen av bilderna, förefaller allt att följa en underförstådd kanon som allmänt påtvingas och som informerade amatörer eller esteter noterar som sådan, bara för att fördöma dem som exempel på dålig smak eller teknisk klumpighet. Om det i dessa styltiga, stela, krystade fotografier, tagna i enlighet med en social etikett som producerar fotografier av familjefester och ”semesterminnen”, har vi inte kunnat identifiera vilka implicita eller explicita regler som definierar dess estetik, är det förmodligen för att vi har avbrutit en alltför begränsad (och socialt formad) definition av kulturell legitimitet. Till skillnad från helt accepterade konstnärliga aktiviteter, som målning eller musik, är fotografisk praktik något som anses tillgänglig för alla, ur både tekniska och ekonomiska synpunkter. De som deltar känner inte att de mäts mot ett uttryckligt och kodifierat system som definierar legitim praktik i fråga om dess objekt, både ur tekniska och ekonomiska synpunkter, därav analysen av den subjektiva eller objektiva innebörd som subjekten ger fotografi som en praktik eller som ett kulturellt arbete som greppar olika gruppers eller klassers estetik (och etik) och speciellt den populära ”estetik”, som i undantagsfall manifesteras i det, tänker Bourdieu. I princip konstaterar Bourdieu att det finns de som omfattas av den fotografiska praktiken, och de som inte gör det.

Är det enskilda fotografiet ett självständigt objekt

jämfört med en bok, en cykel eller en penna? Victor Burgin (1982:11) menar att fotografiet inte riktigt följt den förväntade utvecklingen för en ny konstform. Under den utveckling som vi känner som ”modernismen” skulle tecknet helt raderas från ytan. Konstverket skulle bli ett helt självständigt materiellt objekt som inte gjorde någon hänvisning till någonting utanför sina egna gränser. Själva ytan – dess färg, dess konsistens, dess kant – skulle bli den enda innehållet i arbetet. Efter kubismen skulle modernismen befria konsten från dess gamla tvång att representera, men det handlade om representation på de villkor som kubismen själv hade kritiserat: illusion och kommunikation. Fotografiet var dock inte kapabelt att följa målarkonsten till den modernistiska abstraktionen utan att förefalla att vara ute efter effektsökeri. Den exempellösa kapacitet som fotografering hade för likheter verkade mest lämpligt för att fastställa dess specifika arbetsuppgifter och för att skilja fotografering från målning. Visst har det under den moderna perioden vuxit fram en form av ”fotografisk modernism” som bygger på olika begrepp om ”fotografiskt seende”, men den har varit ett svagt och osäkert köp av de överväganden om ”innehåll” som förblir så envist central för vår erfarenhet av fotografier. Är då fotografiet överhuvudtaget kapabelt att befria sig från den ”verklighet” som ett fotografi vanligen emanerar ur?

Jämför vi fotografiet med målad konst spårar somliga skribenter en del skillnader mellan de två. Den australiske arkitekten William J. Mitchell (1992:29) argumenterar enligt linjen att ett fotografi är ett fotografi av något, medan en målning inte behöver vara en bild av något existerande. Det innebär att även om änglar inte finns så går det utmärkt att måla en ängel, men det är svårt att ta ett fotografi av en. På samma sätt är det möjligt att måla en häst som inte är en särskild häst, men det är omöjligt att ta ett fotografi av en häst som inte är en särskild häst. Fotografiet skulle enligt detta betraktelsesätt vara illa lämpat för generella uttryck och mer lämpat för specifika bilder, till exempel av en alldeles speciell häst.

Så långt det rör detta innehåll, har vårt sätt att uppfatta fotografering i mycket hög grad ännu inte lyckats bryta sig bort från gravitationsfältet kring artonhundratalets tänkande. Det är ett tänkande som domineras av en metafor om djup där fotografiets yta betraktas som en projektion av något som ligger ”bakom” eller ”bortom” ytan, där fotografiets utsnitt markerar ingången till något mer djupsinnigt, ”verkligheten” själv, konstnärens ”uttryck” eller båda. Ytan på fotografiet döljer emellertid ingenting annat än dess egen ytlighet. Oavsett betydelser och befogenheter som vi kan bygga på dess tillskyndan kan komma till något slutligt avslut. De kan inte bibehållas länge i de imaginära konvergenspunkter där upplevelsen av en författare eller sanningen om en verklighet ligger, menar Victor Burgin (1982:11).

William J. Mitchell (1992:49) menar också att det digitala fotografiet är problematiskt eftersom det inte finns ett unikt negativ som i fallet med den analoga filmen. En digital bildfil kan kopieras i oändlighet utan förlust av kvalitet. Det enda som skiljer kopian från originalet är datumet i filen. Den ursprungliga filen kan raderas, men alla dess potentiella kloner kan leva kvar. Digitala bilder kan även renderas ur databaser, vilket gör att vi måste ställa frågan om det är databasen som är originalet eller upphovsmannen? Mitchell menar att copyrightlagstiftning har en del att arbeta med. Bernkonventionen talar idag om upphovsrätt på arbeten som är: ”fixed in some tangible medium of expression”.

Hur uppstod alla de här föreställningarna om att den mer mekaniserade avbildningen inte är konst? Naturligtvis kan vi premiera all arbetstid som läggs ner i ett konstverk. Det är ett sätt att värdera konst. Ett annat är att premiera den ”laddning”, det uttryck, den mening, som det aktuella konstverket lyckas förmedla. Här handlar det inte i första hand om konstverkets uppgift, utan om vad betraktaren lyckas extrahera ur konstverket.

Konstnärens arbete är således enbart ett råmaterial till den upplevelse som skapas av betraktaren. Kanske är det förmätet, eller till och med kontraproduktivt, att betrakta konstupplevelsen på detta sätt. Utan betraktare kan dock vare sig en tavla eller ett fotografi sägas fylla sin fulla funktion. I analogi med ”trädet som faller i skogen” befinner sig ett fotografi som ingen betraktar mer än upphovsmannen i ett slags limbo, som ifrågasätter dess existens.

Så länge det handlar om någon slags bildkonst, som kan vara mer eller mindre föreställande, förefaller det som om vad föreställande handlar om avgörs av betraktaren. Hur, var och på vilket sätt finns konstnären i detta sätt att betrakta konstverket? Konstnären har en roll, men även den rollen avgörs av betraktaren, som ju är den som ”tolkar” vad konstnären lyckats åstadkomma.

Menar jag med detta att vi ska sluta att dyrka upphovsmannen och istället koncentrera oss på betraktarens mer offensiva roll? Till en del ser jag att den viktigaste personen är betraktaren. Det ligger lite i samma härad som när vi frågar om det är vinnaren eller den som kommer tvåa som är viktigast i idrottstävlingar. Fanns det inga tvåor skulle det inte finnas vinnare, utan enbart en utförare. Fanns det ingen betraktare skulle det heller inte finnas några konstverk. Eller har vi svårt att idag skilja mellan fotografiska ”utkast” och ”publicerade” arbeten. Vi förvarar de digitala bilderna på någon form av hårddisk som inte är läsbar för blotta ögat, vi måste ha en dator eller läsplatta för att studera fotografierna. Det väcker som alltid frågan om när fotografiet egentligen uppstår. Räcker det inte med att ha en digital fil på en hårddisk? Krävs det en utskrift av den digitala filen i ett medium som påminner om en bild framställd med en traditionell analog förstoringsapparat, så att bilden blir mer materiell, går att ta på? Eller räcker det med att bilden existerar som digital fil för att vi ska erkänna den som ett fotografi?

Den franske kulturantropologen Bruno Latour (1993:10), som kritiserat begreppet ”modernism”, menar att det vi kallar ”modernitet” förekommer i lika många versioner som det finns tänkare eller journalister, men alla deras definitioner pekar på ett eller annat sätt tillbaka på den tid som förflutit. Adjektivet ”modern” betecknar en ny ordning, en acceleration, en brytning, en revolution i tid. När ordet ”modern”, ”modernisering”, eller ”modernitet” dyker upp i samtalet, definierar vi genom detta ett ålderdomligt och stabilt förflutet. Dessutom kastas ordet alltid in i mitten av en kamp, i ett gräl där det finns vinnare och förlorare, de gamla och modernisterna. ”Moderniteten” är alltså dubbelt asymmetrisk: den urskiljer ett avbrott i den ordinarie tidens gång och en strid där det finns segrare och besegrade. Om så många av våra samtida är ovilliga att använda detta adjektiv idag, om vi kvalificerar det med prepositioner, är det för att vi känner oss mindre säkra på vår förmåga att hävda denna dubbla asymmetri: vi kan inte längre peka på tidens irreversibla pil, inte heller kan vi dela ut pris till vinnarna. I de otaliga grälen mellan det gamla och modernisterna, kommer de förra ut som vinnare lika ofta som de senare och vi kan inte säga om revolutioner avslutar de gamla regimerna eller bringar dem till blomning. Därav den skepsis, konstaterar Latour, som konstigt nog kallas ”post”modern även om den inte vet om den är kapabel att ta över från modernismen.

Kan detta resonemang föras över till gränsen mellan den fotografiska och den postfotografiska eran? Handlar det postfotografiska om att vi tycker oss kunna urskilja en distans till det fotografiska? Vad händer med den som inte förstår vad som håller på att hända? Kan vi tolka bilder på sedan århundraden etablerade sätt utan att förändra dem det allra minsta tillämpa tolkningarna på den digitala världens bilder?

Å ena sidan gäller naturligtvis estetiska idéer även om tekniken förändras, men samtidigt borde estetiken påverkas av teknikskiftet.

Fotografi: dokumentation eller konstform?

Handlar fotograferande alltid om att bara trycka på avtryckaren och ”ta ett kort”? Hur laddas en fotografisk bild med innehåll och blir ett konstverk? Finns det ett skapande moment i de ögonblick ett fotografi skapas? Många ”konstfotografer” vill nog hävda det senare. Fotografiet har sedan den fotografiska teknikens barndom kring mitten av 1800-talet diskuterats vad gäller ”verkshöjd”, det vill säga, när övergår ett fotografi från att vara ren dokumentation, en avbildning av den fysiska världen, vid en viss tidpunkt, som alla betraktare kan godkänna som ”verklighetstrogen”, till att vara ett konstverk som bedöms på olika sätt beroende på betraktarens konnotationer. Pierre Bourdieu (1990:74) menar att synen på fotografi som en perfekt realistisk och objektiv registrering av den synliga världen handlar om att fotografiet tilldelats den sociala användningen att vara ”realistisk” och ”objektiv”. Enligt detta sätt att betrakta fotografiet har också användningen av fotografi av militär, polis, läkare och press varit. Om det finns bilder på slaget, brottet eller skadan så visar fotografiet ”objektivt” hur det sett ut. Här handlar det således om fotografiet som dokumentation.

Fotografiets mening

Fotodokument kan beröra, ha en mening, men åtskilliga ser det som om endast konst kan beröra – den har mening och kan förmedla något. I så fall skulle det fotografi som berör, förmedlar mening kunna betraktas som konst. Bourdieu (1995) använder begreppet socialt kapital som handlar om de sociala kontakter och nätverk en person samspelar med. Jag tänker mig att fotografer är delar av sociala nätverk för sin produktion av fotografier av kultur. I det sociala rum med vilket Bourdieu liknar samhället ryms ett oräkneligt antal sociala fält. Ett fält befolkas av en avgränsad grupp individer eller agenter. I syfte att uppfattas som ett socialt fält måste detta anta specifika drag vilka på något sätt gör det urskiljbart. Agenterna inom samma fält förenas i till exempel ett gemensamt intresse, en gemensam kulturell position eller liknande ekonomisk status. Ett fält är således inget autonomt fenomen i sig och existerar inte oberoende av den mänskliga samvaron. Bourdieus fält kan, menar Donald Broady (1998:15), om vi söker en definition som är så generell som möjligt, definieras som ett system av relationer mellan positioner. Med socialt fält (även benämnt kampfält eller konkurrensfält) avser Bourdieu ett föränderligt område i samhället där människor och institutioner strider om något som är gemensamt för dem. Inom exempelvis pedagogikens fält strider man om skolans mål och mening. Bourdieu skiljer mellan å ena sidan produktionsfält, befolkade av specialister som skapar föreställningar och värden, och å andra sidan konsumtionsfält.

Jean Baudrillard (2009:52) menar att det är lite tillgjort att tillskriva den fotografiska bilden mening. Genom att göra så skapar man motiv som poserar. Objekten själva börjar posera i ljuset av mening så fort de känner en blick på sig. Jag tänker på somliga av våra yngre medborgare som gör ett duck-face så fort en kamera dyker upp i närheten av dem.

Theodor Adorno (1991:73, 93) framför i sina artiklar från 1970-talet en hård kritik mot den kulturindustri han mött i framför allt USA. Adorno saknar främst en konflikt i de kulturella produkter som frambringas och han anklagar kulturmonopolet för denna utveckling. Adorno ser ett tidsfördriv, fyllt av tomhet. Adorno är än mer bestört över de texter som kulturindustrin frambringar – han ser texter som den akademiker han är: fotografier, långfilmer, TV-såpa eller annan underhållning är text. De autentiska bilderna på filmduken liksom de icke autentiska som man stöter på i texterna till hit-låtar där de slitna fraserna dyker upp så stelt och så ofta att deras ursprungliga betydelse gått förlorad och vi hör dem enbart som upprepningar vars slätstrukenhet alltid står för en och samma mening. Adorno levererar en förödande kritik av kulturindustrin där tomhet, enligt hans synsätt, ersätter innehåll och mening. Hans kamrat från den så kallade frankfurtskolan, Walter Benjamin, var också inne på att populärkultur eller masskultur tappade något när exklusiviteten förvandlas till massproduktion.

Walter Benjamin (2008 och 1936:21) skriver redan 1936 om ett konstverks reproducerbarhet som problematisk. Konstverk har varit möjliga att mångfaldiga sedan århundraden genom träsnitt och litografiskt tryck, men Benjamin menar att även i den mest perfekta reproduktion, fattas en sak: här och nu – konstverkets unika tillvaro på en viss plats. Fotografiet blev i slutet av 1800-talet möjligt att mångfaldiga förhållandevis billigt. Fotografiet är i detta avseende ett barn av den allmänna och alltmer flödande varuproduktion som vuxit fram genom industrialismen. Skulle detta då innebära att fotografiet förlorar den ”aura” som Benjamin kallar ”här och nu”, men om fotografiet inte betraktas som konstverk har det ingen aura att förlora. Benjamin menar att massreproduktion av konst, särskilt inom fotografi och film, kunde uppfylla kraven på en ny, och revolutionär konstpolitik. I förlängningen till priset av att det unika, ”auran”, flyttades bort ur det främsta rummet och ersattes med massupplagor. Detta skeende förändrar traditionen och är nära förknippad med 1930-talets massrörelser, vars mäktigaste redskap är filmen. Benjamin menade att det under 1930-talet, som en följd av massmedias massupplagor, skedde förändringar i människans varseblivning som kunde tolkas som aurans sönderfall. Det innebar att det unika med ett konstverk försvann, men menar Benjamin, konstverket fick potential att bli politiskt genom att det genom massreproduktion kunde ägas av alla.

Jean Baudrillard (1983:98-100) påpekar om Walter Benjamin att Benjamin konstaterade att reproduktionen absorberar produktionsprocessen. Benjamin såg att detta hände inom konst, film och fotografi eftersom här öppnades upp nya områden utan klassisk produktivitet. Baudrillard menar att vi idag vet att all materiell produktion (mode, media, reklam, information och kommunikationsnätverk) genomgår denna fas. Benjamin först (och senare McLuhan) betraktade inte teknik som en "produktionskraft" (där marxistisk analys är låst) utan som medium, som form och principen om en helt ny generation av förnuft. Enbart det faktum att någonting helt enkelt kan reproduceras, i två exemplar, är redan en revolution; man bara måste ta hänsyn till chocken när afrikanska infödda ser, för allra första gången, två identiska böcker. Att dessa två tekniska produkter bör motsvara under tecknet av samhälleligt nödvändigt arbete är mindre viktigt i det långa loppet än serien av upprepning av samma objekt (varav är också individer som arbetskraft). Teknik som medium dominerar inte bara "meddelande" av produkten (bruksvärdet), men också arbetskraft som Marx ville göra till produktionens revolutionära budskap. Benjamin och McLuhan såg frågan tydligare än Marx; de såg dess sanna budskap: ultimatum låg i reproduktionen själv. Och att produktionen inte längre har någon mening; dess sociala slutgiltighet förloras i serien. Simulacra vinner över historien.

Den amerikanska författaren och filmskaparen Susan Sontag (1973:21) ser nästan 40 år efter Benjamin att fotograferande blivit ett tidsfördriv, nästan lika vanligt som "sex and dancing". Sontag drar slutsatsen att de flesta inte utövar fotograferande som en konstform, utan mer en social rit, en ångestdämpare och ett maktmedel. Skillnaden mellan den tid Benjamin beskriver och Sontags tid är ungefär lika lång som fram till vår egen tid. Sontags beskrivning av det allmänna fotograferandet är än mer sann idag där vi alla är ett slags ”enmansredaktioner” som kan lägga upp material på sociala media på ett helt annat sätt än för 40 eller för 80 år sedan. Sontag menar också att den traditionella konsten vilar på distinktionen mellan autenticitet och falskhet, mellan original och kopia, mellan god smak och dålig smak. Media suddar ut dessa gränser. Den traditionella konsten utgår ifrån att vissa erfarenheter eller subjekt har mening och att de traditionella medierna i princip är innehållslösa. Sontag (1973:117) hänvisar till Marshal McLuhans tes om att mediet är budskapet. Sontag spår att alltmer konst kommer att ha fotografiet som norm.

Fotografiet inget hot mot målarkonsten

Fotografiet kom inte som en utmaning utifrån mot den traditionella bildkonsten menar Jean-Francois Lyotard (1984:74). Hotet var inte större än det som långfilmen levererade mot den berättande bokkonsten. Lyotard menar att det mekaniska eller industriella som ersättning inte innebär en katastrof i sig. Åtminstone om man inte tror på att konst till sin essens är uttryck för ett individuellt geni i kombination med hantverk på elitnivå.

Målarkonsten har aldrig föreställt sig fotografiets”snapshot”, skriver Jean-Luc Nancy (2005:104), där ett ”Jag” med ett klick sammanträffar med ett ”Du”, ett annat ”Jag”. Nancy menar att detta handlar om en gemensam upplevelse med stöd av silver eller digitalt, ögat och ljuset, en vy från utsidan och en från insidan, den speciella blicken (aktiv) och den andra (passiv). Nancy menar att fotografi är ett monster med två subjekt, med en dubbel mänsklig kropp och ett ensamt tomt huvud vars enda öga blinkar ”på” och ”av”. Uppstår ”meningen” med detta snapshot i den ”samhörighet” som fotograf och fotograferad kan tänkas uppleva? Genom att fotot är taget så hänger de på ett sätt samman, de har en gemensam upplevelse, som dessutom förevigats på film eller minneskort. Roland Barthes (1993:32-34) menar att fotografi är en slags primitiv teater, en slags *Tableau vivant,* ett slags orörligt och målat ansikte bakom vilket vi ser döden. Barthes kallar fotografen för Operatören, vars uppgift det är att ”chocka” subjektet genom att: ta bilder utan förvarning, sällsynta bilder, fångad i flykten, med teknisk skicklighet (suddighet) eller funna subjekt (trouvaille). Fotografi, för att överraska, fotograferar det som är värt att notera, men så småningom blir allt som tidigare fotograferats värt att notera. Skeenden och objekt blir således upphöjda genom att utsättas för fotograferande.Det är en intressant iakttagelse, som kanske går att leda i bevis. Det kanske finns en agenda för vad som är fotograferbart under vissa tidsperioder, tills någon börjar fotografera andra motiv. Barthes (1993:38) hävdar också att fotografi är subversivt, inte på grund av överraskningarna eller den tekniska briljansen, utan framför allt när det ”tänker”. Jag föreställer mig att Barthes med detta antyder att fotografiet har ett budskap, eller en mening, för den enskilde betraktaren. Det behöver dock inte innebära att alla betraktare upplever samma mening.

Roland Barthes presenterar de två koncepten ”studium” och ”punctum” som hjälpmedel för att tolka fotografier och beskriva vad som fångar betraktaren. Barthes är i första hand ute efter vad fotografier kan berätta, men fotografier är materiella objekt av den speciella karaktären att de ”föreställer” något. ”Studium” står enligt Barthes för en utsträckning av bilden i rummet – ett fält som betraktaren med hjälp av sin kunskap och sitt kulturella bagage uppfattar som något ganska välbekant. Barthes menar att det handlar om en slags inlärd igenkänning. Detta ”studium” gör att betraktaren fungerar som en del av det bilden föreställer – omfattande såväl ansiktsuttryck, gester, omgivningar som handlingar.

En del av detta resonemang leder i den riktningen att vi inte skulle kunna se och förstå vad vi inte redan sett. Vårt kulturella arv i etnologisk mening ger oss meningen, som alltså inte finns i bilden, den uppstår först i vår hjärna. Det som ligger utanför våra referensramar kan vi inte förstå. I förlängningen skulle det kunna förklara varför banbrytande bildkonstnärer har svårt att, till en början, få sin konst accepterad av betraktarna. Betraktarna har helt enkelt inte verktygen för att förstå vad dessa banbrytande konstnärer vill. ”Punctum” står för en störning, eller en taktmarkering, i ”studium”. ”Punctum” står för innehållet i det som sticker ut från bilden, som ett sår eller ett stick. Det är den tillfällighet, som ett tärningskast som drabbar betraktaren. Barthes (1993:25 ff) menar att ”Studium” och ”punctum” står för två teman i den fotografiska bilden. Barthes hittar inte ”punctum” i alla bilder – många av bilderna han betraktar väcker enbart ett allmänt och artigt intresse. Barthes menar att dessa inte innehåller något ”punctum”. De kan tilltala honom eller inte tilltala honom, men utan att beröra honom. Dessa bilder blir föremål för ett rent ”studium”.

Jean-Paul Sartre (2005:25) beskriver hur han tar fram ett fotografi på en vän för att bättra på den imaginära bilden av vännen han bär inom sig. Trots att det är en utmärkt bild av vännen saknar den liv, den ger visserligen vännens anletsdrag. Sartre (2005:17) kompletterar genom att titta på en karikatyr en känd tecknare gjort av vännen och denna genom att vissa drag är förvrängda ger honom tillbaka hans bild av vännen. Sartre menar också att vi när vi betraktar en bild animerar den, och vi är medvetna om att vi ger bilden liv. Vi lånar den liv. Det här påminner om Barthes ”Punctum” som är det innehåll i en bild som gör den intressant för betraktaren. Nu tittar Sartre på en bild av sin vän och kommer på så sätt närmare sin minnesbild av vännen. Frågan är vad den bilden säger någon annan, någon som inte är bekant med vännen?

Ansel Adams (1981:12), som var utövande fotograf, beskriver de tekniska förutsättningarna för fotografering på ett sätt som så gott som leder ända fram till betraktaren. Adams förklarar det visualiseringskoncept hans fotograferande bygger på står för ett kreativt och subjektivt sätt att närma sitt fotografiet. Visualisering hjälper fotografen att projicera den slutliga bilden i sinnet innan fotografen börjat fotografera. Adams är övertygad om att ”de bästa” fotograferna ser bilden framför sig, antingen genom en medveten strategi eller genom någon slags intuitiv känsla. Detta liknar de historier som finns om skulptörer som bara vill hugga bort det som döljer figuren som finns i sten eller marmor.

Om vi för en stund lämnar den professionelle fotografen så talar Henri Lefevre om att fritidsaktiviteter på högsta nivå skapar aktiva förhållningssätt, mycket specialiserade sysselsättningar, länkade till teknik och således omfattande ett tekniskt element oberoende av yrkesmässig specialisering. Digitala kameror är ofta försedda med programval vilket innebär att fotograferandet, som akt, verkligen bara är att trycka på knappen. Amatörfotografen kan välja att koncentrera sig på motivet. Lefebvre (1991:32) pekar på fotograferandet som en sådan sysselsättning. Fotograferandet handlar enligt Lefebvres sätt att betrakta det som en aktivitet som nära hänger samman med den tekniska utvecklingen. Idag tar alla, inklusive de professionella fotograferna, långt fler bilder än för bara ett par decennier sedan. Så långt har Lefebvre en poäng i att den tekniska utvecklingen möjliggör ett bredare sätt att fotografer. Digitala kameror också långt större exponeringsomfång än analoga kameror, vilket gör att fotograferandet förenklats.

Den genomsnittlige fotografen, säger Bourdieu (1990:75), tar världen som han eller hon ser den, med en logik som lånar sina kategorier från forna tiders konst. Bilder som avviker från den vanliga normen väcker förvåning. Populärfotografi har en tidsdimension genom att det tar utsnitt ur vardagens varseblivning och skapar oändliga serier av bilder, drömbilder, med gestalter, frusna i ögonblicket och det är därigenom som fotografiet förlorar sin möjlighet att verkligen påverka. Detta är, enligt Bourdieu, fotografiets verkliga paradox. Är det då antalet bilder, det ymniga flödet, som minskar möjligheten att påverka? Bourdieu kan vara något på spåret, det finns onekligen risk att vi trubbas av när vi utsätts för långt fler intryck än vi är vana att uppleva.

W.J.T. Mitchell (2005:76) beskriver bilden som alltid försedd med ett materiellt väsen, den bärs alltid av ett medium, som är materiellt. Det kan röra sig om tidskrifter, böcker, affischer eller filmer. Bilden har en tendens att förflytta sig mellan olika medier. Vi kan betrakta objekt i vår omgivning – från diminutiva materiella kulturprodukter som häftapparaten på skrivbordet till ett köpcenter – som också kan ses som en materiell kulturprodukt, om än sammansatt av en mängd disparata delar. Mitchell ställer frågan om vad som händer med en bild när den är föremål för såväl över- som underskattning, när den har någon slags "mervärde". Mitchell försöker reda ut hur bilder uppnår värden som inte står i rimlig proportion till deras egentliga vikt och vilken kritisk praktik som krävs för att skapa en vederhäftig värdering av bilder. Detta pågår, enligt Mitchell, i vår tid som utspelas efter den "visuella vändningen" som skapat nya eller fäst uppmärksamheten på redan existerande problem kring hur vi betraktar bilder och värderar dem. (Under de senare decennierna på 1900-talet började akademiker inom humaniora och samhällsvetenskap att studera samhällsföreteelser med hänsyn tagen till bland annat det narrativa, visuella eller materiella. Skiftena mellan dessa förhållningssätt kallas på engelska ”turns” (vändningar)). Mitchells resonemang om mervärde anser jag kan beskrivas som den laddning eller mening en bild, ett fotografi kan få, utan att den till det yttre tycks förtjäna det. Fotografiet kan te sig tekniskt undermåligt, kan vara oskarpt, det är svårt att avgöra vad det föreställer, men det är kanske detta som sätter igång reaktioner på det materiella i våra hjärnor, betraktaren lägger in en personlig mening, i likhet med Barthes ”punctum” och bilden får ett liv som kanske bara en betraktare ser, medan alla andra ställer sig frågande till denna påstådda laddning av bilden.

Fotografier som blir bättre med tiden

I mitt fotoarkiv har jag några svartvita foton från början av 1970-talet, de föreställer en väninna som dog cirka tio år efter det bilderna togs. När jag i somras betraktade kontaktkartorna tyckte jag att hon på bilderna såg så sorgsen ut. (Kontaktkartor görs genom att lägga den framkallade filmen på ett fotopapper och belysa detta. Man får positiva bilder i skala 1:1 av de negativa bilderna.) Medan hon fortfarande levde var de bilder på en vän, utan den emotionella laddning som hennes bortgång och de gångna åren lagt i dessa bilder för mig. Kontaktkartorna är, idag verkligen, i samklang med Bourdieus resonemang, frusna ögonblick. För den som inte kände väninnan är de möjligen ett tidsdokument, vilket vi alla kan se beroende på klädsel och omgivning, men för oss som känner hennes öde är bilderna mer än bara frusna ögonblicks. Kanske minns jag väninnan bättre genom att betrakta fotona som föreställer henne, som Sartre när han betraktar fotot av sin vän och behöver karikatyrbilden för att minnas honom tydligare. Jag laddar de där bilderna med en innebörd som för en annan betraktare inte tycks finnas.

När jag återvänder till mina negativalbum från 1960- och 1970-talen blir jag förvånad över vilka negativ jag aldrig valde då. Min syn på bilder har onekligen förändrats under de decennier som förflutit sedan dess. Fotografierna har naturligtvis rent objektivt inte blivit ”bättre”, snarare handlar väl min förändrade syn på dem om att jag har blivit förändrad själv under de årtionden som gått. Detta gör att jag kan betrakta de bilder jag tog i tonåren på ett helt nytt sätt. Jag ser saker i dem jag inte upptäckte då. Det betyder antagligen att de berättar något helt annat för mig idag än de gjorde för 40 eller 50 år sedan.

Frågan är om de där bilderna kan anses ha blivit ”bättre” eller om det är som om jag är en helt ny betraktare idag, efter alla dessa år? På många sätt är jag annorlunda, men samtidigt är jag fortfarande den där tonåringen. Men, med lager på lager av erfarenhet av att hantera bilder, både i yrkeslivet och privat, är det naturligtvis en annan betraktare som betraktar bilderna i de där negativalbumen.

Samtidigt är jag inte så pigg på att göra jobbet med att skanna negativen och föra in bilderna i nutiden eftersom det som betraktas i de där bilderna antagligen är en annan historia som tillhör en annan betraktare. Det absurda är att den där betraktaren är jag på samma gång som han inte är det. Det är alla åren som skiljer oss åt.

Även min syster och barndomskamrater har svårt att känna igen de berättelser jag ser i de där gamla fotografierna. Jag är en annan, bilderna är laddade med minnen som ligger så långt tillbaka att jag blir förvånad över att de överhuvudtaget finns något att minnas från den tiden.

Det behöver inte vara så att det är verkliga minnen. På något sätt kanske jag fabricerar dem för att ge mig själv en upplevelse av de gamla negativen. Hur det än förhåller sig med detta är jag i första hand intresserad av hur mitt betraktande över tid fylls av nytt innehåll, nya reaktioner och nya reflektioner inför en bild som jag en gång betraktat utan speciellt intresse. Detta är ett exempel på episodisk evidens av en aspekt av att vår relation till fotografier inte är statisk, utan förskjuts över tid. Det vore konstigt annars, eftersom det mesta tycks förändras över tid.

Eftersom det är min livserfarenhet som lagts in i ekvationen med de gamla negativen innebär detta rimligtvis att alla mina gamla fotografier till synes torde ha genomgått samma metamorfos när jag betraktar dem. Vad det innebär för min upplevelse av dem är att jag med förundran ser dem som nya, även om jag betraktade negativen för 40 år sedan. Dessutom handlar det mina funderingar kring hur jag skulle ha tagit motsvarande fotografier idag, om jag överhuvudtaget skulle ha bemödat mig om att ta dem. Kanske jag idag skulle välja andra motiv, andra kompositioner och andra utsnitt av verkligheten? Det är svårt att avgöra vilket av ovanstående begrepp som skulle blivit mest genomgripande för omtagningen av de gamla fotografierna idag.

Vad jag bryr mig mest om är ändå att jag på något sätt kommer på mig med att jag skulle tycka att dessa gamla bilder skulle vara intressanta för mig längre fram i livet. Hur detta intresse skulle se ut kunde jag naturligtvis inte föreställa mig. Det bara fanns en övertygelse om att dessa bilder och texter jag producerade skulle sparas. En del har kommit till användning i olika projekt, andra åter väntar fortfarande på att bli tagna bruk igen. Kanske jag hinner det, kanske inte.

Gilles Deleuze (1986:24) talar främst om spelfilm, men har en del synpunkter på de enskilda bilderna eller scenerna. Deleuze menar att fotografi är ett slags ”formgjutning” där formen organiserar objektets interna krafter på ett sådant sätt att de uppnår ett slags jämviktsläge vid en viss punkt (immobile section). Denna organisering stannar dock inte av när jämvikten är uppnådd och fortsätter oavbrutet att förändra gjutformen och skapar på så sätt en variabel, oavbrutet tillfällig gjutform. I spelfilmen sker detta 24 gånger i sekunden, medan vi med en stillbildskamera, även om vi exponerar stillbilder i sekvens (motor) vanligen landar på maximalt 12 bilder per sekund. Stillbildsfotografen väljer sedan en av dessa temporära bilder för att ensam överbringa det uttryck han/hon vill förmedla.

Fotografi som berör, förmedlar mening, kan betraktas som konst. Ett dokumentärt foto, taget av en polisutredare eller en läkare för att dokumentera brott eller skada förmedlar definitivt mening som dokument och kan även förmedla mening utanför sin roll som dokument.

Bourdieu menar att fältet (här tolkat som mening) bygger på att det finns deltagare med i huvudsak samma inriktning. Det är de som utgör fältet. Bourdieu (1992:82) hävdar att för den som helt står utanför spelet är det svårt att förstå de insatser som görs i framtid och prestige under spelets gång. För betraktaren av de slutliga fotografierna skulle enligt detta sätt att se dem endast den som själv försöker ta liknande fotografier egentligen förstå vilken mening de bär.

Inte samma mening

Låt oss återvända till Roland Barthes (1993:25 ff) idéer om ”Punctum” och ”Studium”. ”Punctum” står för en störning, eller en taktmarkering, i ”studium”. ”Punctum” står för innehållet i det som sticker ut från bilden, som ett sår eller ett stick. Det är den tillfällighet, som ett tärningskast som drabbar betraktaren. Barthes menar att ”Studium” och ”Punctum” står för två teman i den fotografiska bilden.

Barthes menar bland annat att det som ligger utanför betraktarens referensramar inte kan förstås. Det som är mening för ene är det kanske inte för den andre. Ett exempel på detta är att betrakta matchbilder från judotävlingar. Även om jag tillbringat över 30 år inom judovärlden inser jag att det jag ser/upptäcker i ett foto i form av mening är något helt annat än det en novis inom judo ser i bilden. Vi har två skilda ”Punctum” eller varianter av den individuella mening vi får ut av bilden.

Slutligen, vad gäller när vi kan sätta etiketten "konst" på ett fotografi, handlar det om att ett fotografi med hög nivå av mening kan sägas nå en platå där fotografiet ger något mer än det som objektivt finns i bilden. Mitchells (2005:76) idé om ett slags "mervärde" i bilden påminner om Barthes idé om "Punctum", men även Walter Benjamins (2008:21) tanke om att reproduktionen gör att bildens aura minskar i värde. Vi kan med svårighet ange de delmängder i ett fotografi som "höjer" det från dokumentation till konst. Kanske charmen med att betrakta fotografiska bilder är att det inte är helt enkelt att avgöra var på, en för stunden, given skala vi ska betrakta dem. Kanske det räcker med att bilden ger oss, som betraktare, en mening i nuet?

Redan på 1960-talet skrev Bourdieu (1990:112) om att fotografiet som konstverk hade svårt att separeras från det faktum att fotografier tas med en maskin (kamera) och att fotografier också tas av andra än de som aspirerar till att framställa konst. Det handlar om vanliga människor och det innebar att fotografi kunde betraktas som "vulgärt", åtminstone i det meritokratiska Frankrike. Det kanske är denna tudelade syn och praktik för fotografi som skapar problem. En typ av problem som inte är lika tydligt i äldre konstarter som målning eller musik. Vid närmare eftertanke har ju även dessa uttryckssätt genomgått en revolution i och med den digitala eran. Nu uppträder orkestrar som står på scenen och presenterar förinspelade digitala ljudfiler. Bedömer vi meningen i dessa konserter efter den effekt de har på åhörarna så är det konst. Många upplever att de berörs och får en mening förmedlad till sig.

Om meningen, eller budskapet, i ett fotografi är det som berör borde alla bilder vi berörs av, vare sig de är tagna av erkända konstfotografer, eller av någon släkting, kunna rubriceras som konst. Frågan är kanske om det som i samhällets mening ska kallas konst kräver att fler än en individ uppfattar det som konst. Den diskussionen ligger dock utanför denna text.

Den fotografiska bildens egenheter

Vad kan den fotografiska bilden ge betraktaren som inga andra visuella konstformer är mäktiga? Vad ger den fotografiska bilden oss betraktare? Kan vi spåra någon slags dialog mellan betraktaren och fotografiet? W. J. T. Mitchell (1996) ställer frågan på sin spets när han formulerar den som ”Vad vill bilder egentligen?” Mitchells tanke är att frågeställningen ska ge oss en ny och annorlunda syn på bildens makt och mening. Dessutom handlar hans fråga om vilka värden vi lägger in i en bild. Det kanske till och med handlar om vad vi tillåter att bilden gör med oss, hur den påverkar oss. Vi kanske inte ens ser att bilden är något som är skilt från vår egen existens? Kan bilden innehålla en annan mening än den vi som individer redan omfattar?

Fenomenologiska tankar som indikerar att objekt påverkar oss genom sin blotta närvaro, har långa anor. Frågan är om den framställning av objekt som det analoga fotografiet omfattat har förminskats genom den digitala tekniken. I den digitala formen har den fotografiska bilden ingen utbredning i rummet och är inget objekt i traditionell mening. Vi kan egentligen inte läsa (se) den digitala bilden utan hjälp av en digital läsare i form av en dator, läsplatta eller mobiltelefon. Många kan skriva under på att bilder i allmänhet, även fotografier, påverkar oss. De ”säger oss” något. Frågan är om fotografierna säger något annat om de existerar i digital form, jämfört med den traditionella analoga formen av silveremulsion på glas- eller filmbas.

Vad innehåller då den fotografiska bilden som gör den så spännande för oss betraktare? Teodora Cosman (2012:269), med flera, förklarar hur den fotografiska bilden innehåller två element som är grundläggande för dess beskrivning och funktion. Det första är ljus (eller dess motsats och frånvaron därav: skugga och mörker) som kan leda oss till dess metafysik och metaforer för mystik och uppenbarelse. Det andra viktiga elementet är handlingen att skriva, spåra, det synliga märket graphein eller underteckna, trycka, skulptera på djupet! Tupos: imprint-gester som omfattar en intim kontakt med stöd samt med objektet vars spår förblir synliga. Därför, i fallet med de "dematerialiserade" bilderna av idag känner vi oss alltid tvingade att göra distinktionen "digital" eller "analog" för att klargöra vilken typ av fotografering vi talar om. Betecknar detta att något väsentligt har förändrats i vår förståelse av detta fenomen, att namnet på fotografi, "skriva med ljus" inte helt motsvarar de digitala bildernas sätt att förekomma. Cosman citerar André Rouille: *"la mal nommée photographie numerique n'est en aucun cas une declinaison numérique de la photographie. Une rupture radicale les sépare: leur diffèrence n'est pas de degré mais de nature."* (Den feldöpta digitala fotograferingen är ingalunda en missvisning av digital fotografering. En radikal brytning separerar dem: skillnaden ligger inte i grad utan i slag. (min översättning)") Vi kan alltså fortsätta att tänka på digitalt fotografi som något helt annat än det analoga fotografiet. Hur detta särskiljande ska kunna fortleva kan fortfarande sägas vara höljt i dunkel.

Den litterära hanteringen av bilder är naturligtvis ganska oblyg i sin hyllning av bildernas aningen kusliga personlighet, skriver Mitchell (1996). Magiska porträtt, masker och speglar, levande statyer och hemsökta hus finns överallt i både moderna och traditionella berättelser och auran från dessa imaginära bilder sipprar in både professionella och populära attityder till riktiga bilder. Vill vi genom att fotografera motiv som redan är fyllda med mystik och magi ladda fotografiet med ytterligare mening? Kanske till det parodiskas nivå. Konstvetenskapare kanske ”vet” att de bilder som de studerar bara är materiella objekt som förändrats med färger och former, men ofta pratar de och agerar som om bilderna hade vilja, medvetenhet, agens och lust. Bilderna blir på detta sätt medspelare i våra liv, kanske inte enbart när vi betraktar bilderna.

Vi tillåter bilderna att påverka oss eller är det så att vi inte har något val? Alla vet att ett fotografi av deras mamma inte är vid liv, men de kommer fortfarande att vara ovilliga att vanställa eller förstöra den, konstaterar Mitchell. Ingen modern, rationell, sekulär person anser att bilder ska behandlas som personer, men vi verkar alltid vara beredda att göra undantag för särskilda fall. En bild kan följa oss genom livet i form av ett porträttfoto i plånboken eller som en digital bild i vår mobiltelefon. Själv har jag som skrivbordsbild i mina datorer ett foto på mig själv som artonåring för att inte glömma de drömmar jag en gång hade. Jag själv som artonåring betraktar den betydligt äldre man jag blivit. Samtidigt ser jag bilden av mig själv som artonåring.

Det är inte svårt att visa att idén om personlighet hos bilder är lika levande i den moderna världen som den var i historiska samhällen. Är de där bilderna som avses laddade, konstnärliga eller vad man vill att de ska vara, något som existerar fritt utan att bilden egentligen har något med bilden i sig att göra? Finns innehållet även innan fotografiet har tagits? Svårigheten är att veta vad man ska säga härnäst, menar Mitchell (1996). Hur återvinns traditionella attityder till bilder som avgudadyrkan, fetischism eller totemism i moderna samhällen? Är det kulturkritikerns uppgift att avmystifiera dessa bilder, att krossa de moderna idolerna, att avslöja de fetischer som förslavar människor? Är det att skilja mellan sanna och falska, friska och sjuka, rena och orena, goda och onda bilder? Är bilderna det område där politisk kamp bör föras, platsen där en ny etik ska artikuleras? Låter vi idag bilderna tala till oss på ett sätt som vi inte längre kan värja oss mot? Vi kan ställa oss alla dessa frågor och många till, men är vi som betraktare villiga att ta itu med bilderna och analysera deras roll i våra liv?

Vi som lever nu i västvärlden är antagligen den befolkning som exponerats djupast och mest långvarigt för människogjorda bilder av alla människor som någon levt. Vad innebär detta för vår relation till bilder i alla former? Talar de till oss och i så fall, vad är det de vill? Det är intressant att vi tämligen oreflekterat låter bilder eller deras materialitet, agens eller vad det nu är, påverka oss. Vi värjer oss mot "falska profeter", det vill säga människor som försöker få oss att ändra uppfattning – politiskt eller religiöst. Värjer vi oss på samma sätt mot de universella budskap som bilder bombarderar oss med? Har vi möjlighet att värja oss? Är det denna ström av tankar och idéer inneboende i människogjorda bilder det handlar om i det moderna samhället?

Vad är det för verklighet vi talar om? Walter Benjamin, en av frankfurtskolans tänkare, skrev redan på 1920- och 30-talen mycket om media och även om fotografi. Benjamin (2008:277-279) menade att det handlar om att kameran ser en annan verklighet jämfört med den som ögat ser. Den är annorlunda framför allt genom att det av mänskligt medvetande uppfyllda synfältet ersätts av ett omedvetet förmänskligat synfält. Även om vi vanligtvis har klart för oss hur människor går, om så bara i stora drag, vet vi därför antagligen ingenting om hur de ser ut i den bråkdel av en sekund då ett steg påbörjas. Fotografiet och dess hjälpmedel, slowmotion-tagningar och förstoringar, ger information om detta. Först på denna väg kommer man till klarhet om det optiskt-omedvetna, liksom om det driftsmässigt-omedvetna genom psykoanalysen. Benjamin var fascinerad av hur fotografiet kunde visa strukturer i naturen som var svåra att få syn på med det nakna mänskliga ögat.

Det handlar också om NÄR vi betraktar en bild. Jag märker att när jag granskar negativ som är 40 år gamla är det andra bilder än de jag då gjorde förstoringar av som är intressanta nu. Det kan handla om att det på ett annat negativ än det jag för länge sedan gjorde en kopia av syns mer bakgrund, mer av miljön bilden är tagen i, eller så handlar det om en annan vinkel på de personer som figurerar på bilderna. Mitt perspektiv på bilderna har kanske gått från att se bilderna som snapshots från igår till att betrakta dem med kraftigt nostalgiska ansatser – det är den miljö och de människor jag en gång kände. De är exempel på min "balsamerade tid". I vissa fall finns varken människorna eller miljön kvar längre. Medför det att vi inte är på vår vakt mot bilderna?

Jean Baudrillard (1983:120) har en spännande syn på fotografiet och bilder i allmänhet. Varje bild, varje mediameddelande, även alla funktionella miljöobjekt, är ett test – det vill säga, i termens fullständiga, befriande svarsmekanismer utan stereotyper och analytiska modeller, konstaterar Baudrillard. Idag är motiven inte längre "funktionella" i ordets traditionella betydelse. Inga förbehåll, de testar dig. Det har ingenting att göra med föremålet från förr, inte mer än medianyheter med en "verklighet" av fakta. Både motiv och information är redan resultatet av en markering, ett montage, ett perspektiv. De har redan testat "verkligheten" och har endast ställt frågor som "svarade tillbaka" till dem. De har brutit ner verkligheten i enkla element som de har återuppbyggt i scenarier av reglerade oppositioner, precis på samma sätt som fotografen ställer in sina kontraster, ljus och vinklar på sitt motiv (någon fotograf kommer att berätta: du kan göra vad som helst, allt du behöver göra är att närma dig originalet från rätt vinkel vid rätt ögonblick eller stämning som kommer att ge det rätta svaret på det momentana provet av instrumentet och dess kod). Handlar det enbart om förhållningssätt och teknik?

Det är precis som testet eller folkomröstningen när man översätter en konflikt eller ett problem i en omgång frågor och svar, menar Baudrillard (1983:121). Verkligheten, testad på detta sätt, avkodar man enligt samma mönster: man avkodar den enligt samma kod, inskriven i varje meddelande och motiv som miniatyriserad genetisk kod. Allt presenteras i dag i ett kalkylblad eller som en del av en rad av produkter och detta faktum i sig testar dig redan, eftersom du är tvungen att fatta beslut. Detta approximerar din allmänna inställning till omvärlden med en läsning och till en selektiv dechiffrering. Vi lever mindre som användare än läsare och väljare, som läser celler. Men ändå: av samma anledning är man också ständigt utvald och testad av själva mediet.

Gilles Deleuze (2003:11) återger vad målaren Francis Bacon säger när han talar om fotografiet: det är inte en gestaltning av vad man ser, det är vad den moderna människan ser. Det är problematiskt inte bara för att fotografiet är bildligt, utan eftersom fotografiet påstås styra över seendet och därmed härska över målningen. Innebär det att den moderna människan ser något som den icke-moderna människan inte skulle kunna se? Är det något inlärt eller intränat? Kan vi bryta oss ur de konventioner vi fostrats i? Är ett fotografi av en väg som försvinner in i horisonten något mer än det vi kan förnimma med blick och de tolkningar vår hjärna gör av vad vi ser? Vad är det som Deleuze menar styr vårt seende som moderna människor? Det som en gång startade som camera obscura – en hjälp att teckna av omvärlden – kanske tecknar om bilder i våra hjärnor i form av fotografier. Innebär det att alla fotografier vi sett, eller åtminstone de som gjort intryck på oss, vare sig vi är medvetna om det eller inte, är präglade i vårt minne? De bör i så fall påverka oss för all framtid.

Fotografering är en evolutionär företeelse, skriver Ali Hossaini (2003:1), inte en fast process och det har drastiskt förändrat samhället i varje skede av förfining. Från enkla anordningar har mediet förgrenats till en enorm familj av tekniker som inkluderar film, tv och digitala bilder. Individer använder kameror, men mediet är långt mer kraftfullt i händerna på aktörer som företag och staten. Optiska medier underhåller och informerar, imponerar och förtrycker, de genomsyrar vardagen. Vad binder samman snapshots och övervakning? Kulturteoretiker ser de sociala effekterna av massmedier, som sträcker sig från befrielse till extrem avhumanisering, men ursprunget till dessa effekter har inte beskrivits. Ursprunget till innehållet i media lever på det sättet i ett tillstånd av limbo, konstaterar Hossaini. Innebär det att innehållet i alla media som klänger på oss för att tala om något om sig själva som vi inte hade en aning om?

Vad blir då kvar? Är ett fotografi den rest som återstår när människan försvunnit ur livet? Albert Camus (1955:51) funderade kring detta. Av någon anledning har skådespelaren valt berömmelse, en berömmelse som är helgad och testad. Från det faktum att allt ska dö en dag drar han den bästa slutsatsen. En skådespelare lyckas eller lyckas inte. En författare har visst hopp, även om han inte är uppskattad. Han utgår från att hans verk kommer att vittna om vad han var. I bästa fall lämnar skådespelaren oss ett fotografi och ingenting av vad han själv var, hans gester och hans tystnad, hans flämtande eller hans kärleksflämtande, kommer att föras ner till oss. För skådespelaren är att inte bli känd att inte agera och att inte agera är att dö hundra gånger med alla varelser som han skulle ha kunnat bringa till liv eller återupplivat, menar Camus. Den som inte lyckas bli berömd kanske ändå lever kvar i sparade fotoalbum på vinden hos något barnbarn.

Det märkvärdiga med fotografi är att även om fotografiet har en historia, eller flera historier, så finns det ingen historia för enskilda fotografier på samma sätt som när det handlar om litterära texter eller målningar, hävdar den brittiske lingvisten Clive Scott (2007:124). Scott menar att det också saknas samlad kunskap om fotografier och den framväxande tolkningen av fotografier. Det medför att vi varje gång vi möter ett fotografi måste starta om från början. Det handlar om, menar Scott, att vi måste frigöra oss från det relativt omedierade perceptionella mötet, från medvetandet om vår okunnighet så att vi skapar ett eget sätt att absorbera bilden och låter den skapa mening i våra liv. Andra skribenter hävdar att fotografiet ända sedan det uppfanns har utforskat olika symbiotiska relationer med språket, att språket inte bara är en ständig följeslagare till fotografiska bilder, utan outplånligt inblandat i själva processen för att betrakta fotografier. Vi använder ofta språket för att beskriva bilder. Kanske det ändå finns vissa ikoniska fotografier som blivit lika kända som romaner, till exempel fredkyssen i Paris? Eller fotografiet av Albert Einstein som lipar?

Fotografiet existerar enligt detta sätt att betrakta det inte på egen hand, inte utan språket. Istället hänger fotografiets existens intimt samman med hur vi med språkets hjälp betraktar fotografier. Kanske fotografiet har en existens utanför språket – uttrycker sin mening på ett annat sätt än vad vi av tradition kalllar språk? Vi återkommer till denna tanke, det finns tänkare som menar att fotografiet inte fungerar utan beledsagande text.

Vi talar om bild- och formspråk vad gäller fotografier, på ett sätt som liknar det vi använder när vi talar eller skriver om målade bilder, musik eller skönlitteratur. Det är helt i sin ordning att använda den vokabulären, skulle vi uppfinna en ny för varje objekt vi betraktar finns risken att vi snart skulle gå vilse i språket.

Den franske filmteoretikern André Bazin (1967:13) jämför fotografi med måleri och menar att originalitet i fotografi till skillnad från originalitet inom måleri i huvudsak ligger i fotograferingens objektiva karaktär. Bazin gör en poäng av att kameraobjektiv heter just objektiv, på franska ”objectif”. För första gången formas en bild av världen automatiskt, utan kreativt ingripande av människan. Fotografens personlighet träder in i förfarandet endast genom sitt val av motivet som ska fotograferas och genom syftet som fotografen har i åtanke. Även om slutresultatet kan återspegla något av fotografens personlighet, innebär inte detta att den spelar samma roll som för målaren. Alla konstnärliga uttryck bygger på människans närvaro, endast fotografering skapar en fördel av människans frånvaro. Foto påverkar oss som ett fenomen i naturen, som en blomma eller en snöflinga vars vegetabiliska eller jordiska ursprung är en oskiljaktig del av deras skönhet. Bazin spinner också tankar kring att fotografiet fungerar som med- eller motspelare i våra liv. Är vi då så intimt förknippade med de bilder vi betraktar att det handlar om ett samspel? Vad säger fotografer om att bli jämförda med maskinoperatörer?

Som Solveig Jülich (2006:230) konstaterar i samband med 1897 års Konst- och industriutställning i Stockholm har medier historiskt oavbrutet associerats till och samspelat med varandra.

Det kan handla om alltifrån en enkel jämförelse eller ett utbyte av något slag till en mer genomgripande förändring av de inblandade medierna. Begreppet intermedialitet refererar lika gärna till hur olika publikpositioner har jämförts och parats ihop med varandra i specifika historiska situationer. Utvecklingsvägen är således snårig att reda ut, men vi kan tryggt anta att fotografi och teckning/målning har korsbefruktat varandra som uttrycksformer.

Den franske filmteoretikern André Bazin (1967:14) diskuterar människans sätt att närma sig fotografiet. Vad gäller fotografiet handlar det om en mycket verklighetstrogen avbild av verkligheten och vi tenderar att behandla fotografiet som ett objekt i sig. Endast en fotografisk lins kan ge oss den typ av bild av objektet som är i stånd att uppfylla det djupa behovet människan har av att ersätta det med något mer än bara en approximation, ett slags dekal eller överföring, menar Bazin. Den fotografiska bilden är själva objektet, objektet befrias från villkoren för den tid och det rum som styr det. Oavsett hur suddig, förvrängd eller missfärgad, oavsett att bilden kan vara i avsaknad av dokumentärt värde, delar den genom själva processen för sin tillblivelse, existensen av den modell som den är en reproduktion av, den är modellen. Därav charmen i familjealbum. Dessa grå eller sepiatonade skuggor, fantomliknande och nästan otydbara, inte längre traditionella familjeporträtt utan snarare den störande närvaron av liv hejdat vid en bestämd tidpunkt i dess existens, befriat från sitt öde – dock inte som prestigekonst utan i kraft av en oberörd mekanisk process. Fotografering skapar inte evigheten, som konst gör, den balsamerar tiden, räddar den helt enkelt från sin egen förgängelse. Det förefaller som om Bazin menar att fotografiet till sin essens mer är dokumentation än något annat.

Pierre Bourdieu (1990:5) tar den tyske filosofen Friedrich Hegel till hjälp för att beskriva den styvmoderliga behandling som fotografiet getts: Man skulle kunna säga om fotografering vad Hegel sa om filosofi: *"Ingen annan konst eller vetenskap utsätts för denna sista grad av förakt, under antagandet att vi direkt är mästare på det."*. Till skillnad från mer "kulturellt krävande aktiviteter" som teckning, målning eller att spela ett musikinstrument, till skillnad mot att gå på museer eller konserter, förutsätter fotografering varken akademiskt skolad kultur eller lärlingsutbildning och det ”yrke” som ägnar sitt värde åt kulturell konsumtion och praktik, vanligen ansett att vara den mest nobla, genom att undanhålla den från mannen på gatan. Bourdieu beskriver hur fotografiet blivit även de ”lägre” klassernas domän genom att den kulturella eliten inte betraktar fotografiet som konst. Det har kanske inneburit att fotografiets utveckling kunnat fortgå utan ständig uppsikt från kultureliten och således kunnat blomma på egen hand. Fotografiet har betraktats som hantverk utan möjlighet att axla konstverkets status.

Även när produktionen av bilden helt lämnas över till kamerans automatik, är exponeringen av bilden fortfarande ett val som innebär estetiska och etiska värderingar, menar Bourdieu (1990:6). Om, i det abstrakta, natur och utveckling av fotografisk teknik tenderar att göra allting objektivt ”fotograferbart” är det fortfarande sant att bland de teoretiskt oändliga antal fotografier som är tekniskt möjliga, väljer varje grupp ett ändligt och väldefinierat spektrum av ämnen, genrer och kompositioner. Med Friedrich Nietzsches ord *”Konstnären väljer sina motiv. Det är hans sätt att lovprisa.”* Eftersom det är ett ”val som lovprisar”, eftersom det strävar efter att fånga, det vill säga att högtidliggöra och föreviga, kan fotografering inte lämnas till det slumpmässiga i individens fantasi och via förmedling av etos, internalisering av objektiva och gemensamma regelbundenheter. Gruppen placerar denna praxis under sin kollektiva regel så att de mest triviala fotografier uttrycker, bortsett från fotografens explicita intentioner, en hel grupps gemensamma system med system för perception, tänkande och uppskattning. Gruppen står för den totala värderingen av fotografiet, menar Bourdieu. Även om vi i vissa sammanhang möter tankar som att ett konstverk alltid är ett konstverk, även om ingen människa har haft möjlighet att betrakta det förmenta konstverket.

Den franske fotografen Henri Cartier-Bresson beskriver sin uppfattning av vad fotografi är på detta sätt: *"För mig är fotografi ett samtidigt erkännande, på en bråkdel av en sekund, av betydelsen av en händelse, samt en exakt organisation av de former som ger händelsen dess rätta uttryck. Jag tror att det är genom livsakten som upptäckten av det egna jaget görs löpande med upptäckten av världen omkring oss som kan forma oss, men som också kan påverkas av oss. En balans måste upprättas mellan dessa två världar – en inom oss och en utanför oss. Som ett resultat av en konstant ömsesidig process kommer dessa världar att bilda en enda. Och det är denna värld som vi måste kommunicera."* (min övers. (1952:18)

Även Cartier-Bresson tycks mena att fotografiets roll är att överbrygga avståndet mellan världen och individen, eller mellan samhället och individen. Eftersom Cartier-Bresson fotograferade på gatan, utan regi av sina motiv är han intresserad av det snabba förloppet i gatufotografi.

Den amerikanske fotografen W. Eugene Smith, med en lång karriär som krigsfotograf och som medarbetare i Life och andra stora bildtidskrifter under efterkrigstiden, skrev om fotografiet som "den lilla rösten": *"Fotografering är främst en liten röst, som ibland, inte alltid, med en bild eller en kollektion övertygar våra sinnen på ett sätt som leder till medvetenhet. Det beror helt på den som betraktar; några fotografier väcker sådana känslor att de genererar eftertanke. Detta kan leda en individ eller, vem vet, många av oss, att lyssna till förnuftet."* (1983)

Även om fotografiet är en liten röst kan den alltså, enligt Smith, i lyckliga stunder påverka betraktaren. Kanske är det detta vi söker i fotografier, påverkan, eller något som i alla fall griper tag i oss. Något som vi anar innehåller betydelse. som skapar en mening åt oss, eller en slags berättelse.

Pierre Bourdieu (1990:76) menar att populärfotograferingens hela paradox avslöjas av dess tidsdimension. Ett omedelbart snitt in i den synliga världen ger fotografering verktygen att lösa upp den fasta och kompakta verkligheten i vardagens uppfattning av en oändlighet av flyktiga profiler som drömbilder för att fånga absolut unika stunder av ömsesidiga situationer av tingen, att förstå, som Walter Benjamin har visat, aspekter, omärkliga eftersom de är ögonblickliga, av den upplevda världen, att hejda mänskliga gester i det absurda hos ett nu som består av "saltstoder". Handlar det om att fånga det flyktiga, forma det och på det sättet bygga monument av det? Handlar det om en värld som Benjamin och Bourdieu ser som ett flytande kalejdoskop av ögonblick vi aldrig kommer att kunna överblicka?

Victor Burgin (1980:51) påpekar att även om fotografi är ett "visuellt medium", så är det inte ett helt och hållet visuellt medium. Han anspelar inte bara på det faktum att vi sällan ser ett fotografi i bruk som inte åtföljs av skrift (även om detta är ett mycket betydande faktum). Även det rubriklösa "konstfotografiet", inramat och isolerat på galleriväggen, invaderas genom språket i det ögonblick det betraktas: i minnet, genom associationer, brottstycken av ord och bilder blandas och byts mot varandra. Det kommer att invändas att detta är ett otydligt och obetydligt bakgrundsljud till vår primära handling att se. Sorlet från vår blodcirkulation är ännu mer otydligt, säger Burgin, men inte mindre viktigt för det.

Möte med det förflutna

Lisa Gitelman (2006:5) betraktar fotografiet som ett möte med det förflutna. Ett fotografi erbjuder en tvådimensionell, visuell representation av sitt ämne, men det står också unikt som bevis, eftersom fotografiet blev till i det ögonblick av det förflutna som det representerar. Andra möten med det förflutna kan vara mindre tydliga, mindre kausala och mindre indexikala, som när tittarna med en TV nyhetssändning förflyttas "live" till utsidan av en byggnad där något hände för en liten stund sedan, eller när digitala bilder ytterligare komplicerar tanken på ett fotografiskt index helt och hållet. Vi gör en slags resa i tiden genomsyrat av tidszoner, här handlar det om det som varit, det som är nu och eventuellt om det som ska komma. Vi har möjlighet att hantera preteritum, presens och futurum på samma arena, det vill säga i fotografiet.

Joanna Sassoon (2007:301ff) ser fotografiet som

produkten av sammanflödet av teknik, fotografens öga och framkallarens hand; processer som beskrivits som innehållande "alkemins aura" med tanke på den kombination av specifika kunskaper som krävs för att producera fina fotografiska föremål – vare sig de är enkla daguerreotyper eller fina förstoringar. Dess materialitet har varit en integrerad del av ett fotografiskt objekt eftersom de i de tidigaste fotografiska processerna bara producerades i ett enda konkret objekt. Inbäddade i det fotografiska objektet finns ledtrådar synliga för ett tränat öga som avslöjar de subtila relationerna mellan negativ, papper och de processer som används för att fysiskt producera bilden. Dimensionerna hos fotografiska objekt är en indikator på kameran, negativformat, tillverkningsdatum. Texturer och tonala intervall är ledtrådar till de fotografiska processer som används för att producera bilderna. Även uppgifter inklusive markeringar på baksidan av fotografierna ger ytterligare information liksom bildtexter, retuscheringsdetaljer och anvisningar för beskärning. Som Geoffrey Batchen skriver är fotografiet en bild som kan ha "volym, opacitet, taktilitet och en fysisk närvaro i världen" (Batchen, 1997:2) – i huvudsak en aura av väsentlighet som utgår från det ursprungliga fotografiska objektet. Medan detta är närvarande i ursprungliga fotografiska objekt och vintagetryck, är den kvalitet som uppstår ur sin ursprungliga materiella form svår att efterlikna och går ofta helt förlorad i fotografiska kopior med moderna material. Att den fotografiska papperskopian är ett objekt med egen identitet är den springande punkten i Sassoons resonemang, men hennes beskrivning ger också vid handen att den analoga fototekniken hade egenskaper som saknas i det bläckstråleutskrivna digitala fotografiet.

Begreppet ”original”, menar Sassoon (2007:302), fungerar annorlunda för fotografering än för andra former av dokument eller konstverk. I tekniska och fotografiska termer är negativet originalet eftersom det är det medium som registrerar vad som finns framför linsen vid tidpunkten för exponeringen. Men som John Berger (1980:291) skriver, ”*själva principen om fotografering är att den resulterande bilden är inte unik, utan tvärtom oändligt reproducerbar*”. Medan negativet i själva verket kan vara ”den mest sanna dokumentationen” av vad som fanns framför objektivet, blir det när man uppfattar detta negativ som det enda originalet i den fotografiska processen att man ”betonar det unika framför ändamålet”. Man kan säga att medan negativet kan ses som originalet i fotografiska termer är dokumentet som förmedlar budskapet kopian från negativet. Så, den analoga tekniken låter fotografiet ta en komplicerad väg tills det slutligen ligger framför betraktarens ögon.

Under sin livslängd kan fotografiet potentiellt röra sig mellan flera platser och vid varje ägarbyte och sammanhang förvärvas nya betydelser. Fotografiet får sin mening och beviskraft ur de sammanhang där det är placerat och när de sammanhangen avlägsnats blir det ett isolerat och delvis meningslös objekt, konstaterar Saassoon (2007:304). Proveniensen är viktig för betraktandet av bilden, den väg bilden tagit för att hamna under betraktarens granskande blick är av betydelse.

Jean Baudrillard (2002:117) menar att fotografiet, tillsammans med film och målarkonst bygger på att det finns en scen och ett betraktande – och genom detta skiljer sig från videokonsten och konst på en datorskärm. I de senare fallen handlar betraktandet mer om immersion – ett försjunkande, ett slags navelsträngsförhållande, ett slags "taktil" interaktion som Marshall McLuhan en gång i tiden sa om televisionen. En cellulär nedsänkning: du träder in i bildens flytande substans, möjligen för att ändra den, på samma sätt som vetenskapen infiltrerar den genetiska koden för att omvandla kroppen själv. Du flyttar som du vill, du gör vad du vill av den interaktiva bilden, men immersion är priset för denna oändliga tillgänglighet, denna öppna kombination av element. Det är samma sak med den "virtuella" texten, vilken virtuell text som helst (Internet, ordbehandling).

Detta fungerade som i en datorgenererad bild – något som inte längre bär någon relation till blickens överskridande eller att skriva. Så fort du befinner dig framför skärmen, konstaterar Baudrillard (2002:178), kan du inte längre se texten som text, utan som bild. Nu är det i den strikta åtskillnaden mellan text och skärm, mellan text och bild, som skrivandet är en verksamhet i sig, aldrig en interaktion. Likaså är det endast med en strikt åtskillnad mellan scen och salong som åskådaren är deltagare i sin egen rätt. Allt idag konspirerar för att avskaffa denna separation: åskådaren förs in i en användarvänlig, interaktiv immersion. Höjdpunkten för åskådaren eller hans/hennes slut? När alla är skådespelare, finns det ingen aktion längre, ingen scen. Slut på den estetiska illusionen.

Maskiner producerar bara maskiner. Detta blir allt mer sant i den takt som de virtuella teknikerna utvecklas. Vid en viss nivå av intrigerande, av nedsänkning i virtuella maskiner, det finns inte längre någon distinktion mellan människa och maskin: maskinen står på båda sidor av gränssnittet. Kanske är du bara maskinens utrymme nu – människan har blivit den virtuella verkligheten i maskinen, dess spegeloperatör. Detta har att göra med bildskärmens själva väsen, skriver Baudrillard (2002:178). Det finns inget "genom" bildskärmen på det viset det finns ett "genom" spegeln. Måtten på tiden själv går samman där i "realtid". Det kännetecknande för all virtuell yta är först och främst att vara där, att vara tom och därmed kapabel att fyllas med något. Det är upp till dig att skriva in i realtid till interaktivitet med tomrummet.

På liknande sätt är allt som framställs med hjälp av maskiner en maskin menar Baudrillard (2002:178). Texterna, bilderna, filmerna, talet och programmen som kommer ur datorer är maskinprodukter och de bär funktionerna i dessa produkter, de är uppbyggda på konstgjord väg, ansiktslyfta av maskinen; filmerna är fyllda med specialeffekter, texterna fulla av longörer och repetitioner på grund av maskinens skadliga vilja att fungera till varje pris (som är dess passion) och operatörens fascination av dennas gränslösa möjligheter att fungera. Tekniken leder oss på villovägar, eller vi kanske riskerar att skapa sådant som inte passar oss.

Därav den trötta karaktären i filmer av allt detta våld och den pornografiska sexualiteten, som endast är specialeffekter av våld och sex, inte ens längre fantiserat av människor, utan rent maskinellt våld som inte längre påverkar oss. Detta förklarar, menar Baudrillard (2002:178), alla dessa texter som liknar arbetet med "intelligenta" virtuella agenter, vars enda handling är programmeringen, resten utspelas efter rent automatiska linjer. Detta har ingenting att göra med automatisk skrift som anspelade på den magiska zoomningen av ord och begrepp, medan allt vi har här är en programmerad automatik, en automatisk genomgång av alla möjligheter. Rulla på med maskinens design av kroppen, texten, bilden. Detta kallas cybernetik: kontrollera bilden, texten, kroppen inifrån, så att säga från dess mönster, genom att leka med dess kod eller den genetiska informationen. Det är denna vålnad av den ideala prestandan hos text eller bild, möjligheten att korrigera oändligt, som producerar i den "kreativa konstnären" denna yrsel av interaktivitet med sitt eget motiv, vid sidan av den oroliga yrseln över att inte ha nått de tekniska begränsningarna. Vi har, tycks Baudrillard mena, själva, med maskinerna skapat ett fotografi som är cybernetiskt.

Jean Baudrillard (2009:21) ställer frågan om varför inte allting redan har försvunnit och för in resonemanget på vad bildkonst handlar om, kanske att vårda spåren av objekt som vi annars skulle betrakta som försvunna. Tvärtom kan försvinnande vara en önskan att se hur världen ser ut i vår frånvaro (fotografering) eller för att se bortom slutet, bortom ämnet, bortom all mening, bortom horisonten för försvinnandet, om det fortfarande finns en värld, en oprogrammerad version av tingen. Ett område av rent utseende, av världen som den är (och inte av den verkliga världen, vilken alltid bara är en värld av representation), vilket kan uppstå endast från försvinnandet av allt mervärde.

Jean Baudrillard konstaterar att konsten, som inte vet att den försvunnit fortsätter att ta plats, i ett vegetativt tillstånd: *Själva konsten i modern tid finns endast på grundval av sitt försvinnande – inte bara konsten att göra den riktiga konsten försvinner och tränger undan den med en annan scen, men konsten att avskaffa sig själv under sin praktik (Hegel). Det var genom att göra detta som den utgjorde en händelse, att den var av avgörande betydelse. Jag säger "var" med avsikt, för konst idag, även om den har försvunnit, inte vet att den har försvunnit och – detta är det värsta – fortsätter på sin bana i ett vegetativt tillstånd.* (2009:22) (min övers.)

Så konsten finns med i spelet, men enligt Baudrillard tillför den inte särskilt mycket. Den har landat i ett tillstånd som är passivt – möjligen för att den uttömt sina möjligheter. Eller, för att betraktaren inte ställer krav på vad som är konst.

Gilles Deleuze (2003:8) menar att målning måste extrahera figuren ur det figurativa. Men Francis Bacon åberopar enligt Deleuze två utvecklingar som tycks indikera att modern målning har en annan relation till avbildning eller illustration än målningen hade i det förflutna. För det första har fotografering tagit över den illustrativa och dokumentära rollen, så att modernt måleri inte längre behöver fylla denna funktion, som fortfarande tyngde tidigare målare. För det andra brukade måleri vara beroende av vissa ”religiösa möjligheter” som fortfarande gav en illustrerad mening till figuration, medan modern målning är ett ateistiskt spel. Innebär detta att de ”religiösa möjligheterna” återkommer med fotografiet?

Jonathan Crary (1990:13) hävdar att fotografier kan ha vissa uppenbara likheter med äldre typer av bilder, till exempel perspektivmålning eller teckningar gjorda med hjälp av en camera obscura, men den systembristning i vilket fotografi är en bärare gör sådana likheter obetydliga. Fotografering är en del av ett nytt och homogent område av konsumtion och cirkulation där en betraktare fastnar. För att förstå den ”fotografiska effekten” på artonhundratalet, måste man se den som en viktig komponent i en ny kulturell ekonomi av värde och utbyte, inte som bärare med en kontinuerlig historia av visuell representation.

Fotografiet har, även om det är ögonblickligt, en helt annan ambition än att representera, illustrera, eller berätta, menar Gilles Delueze (2003:8-9) och pekar på den snabba teknikens fördelar. Det handlar om en till synes snabb teknik för bildframställning som ger utrymme för frågor och ambitioner.

Det är alltför lätt att visa att denna sociala representation är baserad på falska bevis och fördomar, resonerar Bourdieu (1990:73-74), i själva verket fångar fotografi en aspekt av verkligheten som alltid endast är resultatet av ett godtyckligt val och följaktligen av en transkription. En bland alla kvaliteter av objektet är de enda som är kvar de visuella kvaliteter som uppträder för ett ögonblick och från en enda synpunkt. Dessa transkriberas i svartvitt, i allmänhet i minskad skala och alltid projicerade i ett plan. Med andra ord är fotografering ett konventionellt system som uttrycker utrymme i termer av perspektivlagar (eller snarare av ett perspektiv) och volymer och färger i termer av variationer mellan svart och vitt. Fotografering anses vara en perfekt realistisk och objektiv registrering av den synliga världen eftersom den (sedan sin födelse) tilldelats sociala användningar som betraktas som "realistisk" och "objektiv". Om den omedelbart har presenterat sig med alla företräden hos en symbolisk kommunikation utan syntax, kort sagt ett "naturligt språk", är detta särskilt så eftersom urvalet som den gör från den synliga världen är logiskt helt i linje med den representation av världen som har dominerat Europa sedan 1400-talet. Innebär detta resonemang då att den digitala tekniken innebär en historisk brytning med denna representation?

Både populära och teoretiska diskurser om fotografering har sedan fotografins begynnelse genomsyrats av idéer om andlighet, mystik och det övernaturliga, menar Tomanić Trivundža (2014:218). Fotografiska bilder har tilldelats vissa befogenheter vid sidan av deras blotta förmåga att skildra ett objekt eller en scen: de har kommit att ses som förföriska, farliga, suggestiva eller upplysande, insinuera närvaro eller ursprung för mytiska, magiska eller gudomliga krafter.

Skapar fotografier "falska minnen", någon slags retningar som egentligen inte har något med det ursprungliga motivet att göra? När vi tagit bilden har vi "sparat" den biten av tiden som vi nyss upplevt. Men är fotografiet så mycket mer informativt än vår egen hågkomst? Jag kan erkänna att en bild ur det förflutna sätter igång hjärnan. Vi kan till och med "minnas" delar i bilden som inte ens syns på fotografiet. "Där bakom huset låg en kiosk". Antagligen är det sant att det just vid fototillfället fanns en kiosk bakom huset. Eftersom vi inte kan se den på fotografiet finns den inte i fotot, eller hur? Är det informationen om platsen vi lagrat och inte något som fotografiet innehåller? Fotografiet är utan tvivel det som triggar hågkomsten av "kiosken".

Betyder det att fotografiet har agens, det vill säga, kan påverka betraktaren? Eller är det en retning som uppstår i betraktarens hjärna? Den som inte varit på platsen har inget minne av den osynliga kiosken och det vore väl för mycket att anta att den "meningen" med fotografiet skulle överföras även till en sådan betraktare. Informationen om kiosken är således förbehållen den betraktare som har kännedom om den geografiska platsen vid en given tidpunkt då det fanns en kiosk bakom huset.

Politiska aktörer och yrkesverksamma inom media talar ofta om bildernas (överlägsna) makt att påverka individuella uppfattningen och att mobilisera eller svänga grupptänkande, en process som under normala förhållanden anses vara överväldigad av känslor, av "mervärde" för bilderna själva, menar Tomanić Trivundža (2014:218). Teoretiska skrifter om fotografering markerar ofta "brist" i språket för att förklara det visuella, eller ger upp sin strävan efter mening, det mest kända fallet för det sistnämnda berör Roland Barthes (2014:178), vars analytiska semiotiska apparat kapitulerade inför ett familjefotografi i Camera Lucida. Eller, snarare var det väl så, som jag alltid tyckt ha varit en svaghet i Camera Lucida, att det fotografi som skapar mest funderingar inte återfinns i boken.

Perspektivets betydelse lägger André Bazin (1967:11) vikt vid och menar att det avgörande ögonblicket otvivelaktigt kom med upptäckten av det första vetenskapliga och redan i viss mening, mekaniska systemet för reproduktion, nämligen perspektivet: Leonardo Da Vincis camera obscura förebådade kameran. Konstnären var nu i en position för att skapa en illusion av ett tredimensionellt rum i vilket föremål föreföll existera som våra ögon i verkligheten ser dem. Därifrån och vidare slets måleriet mellan två ambitioner: en främst estetisk, nämligen uttrycket för den andliga verkligheten där symbolen överglänser sin modell och den andra rent psykologisk, nämligen dubblering av världen utanför. Uppfyllandet av denna aptit för illusion tjänar bara till att öka den, bit för bit, att konsumera bildkonst. Eftersom perspektiv bara hade löst problemet med formen och inte med rörelsen, var realismen tvungen att fortsätta sökandet efter något sätt att ge dramatiskt uttryck för det ögonblick av en slags psykisk fjärde dimension som kan föreslå liv i barockkonstens torterade orörlighet.

Fotografier är inte enbart en mekanisk avbildning menar John Berger (1972:10), varje bild förkroppsligar ett sätt att se. Även ett fotografi. Varje gång vi tittar på ett fotografi är vi medvetna, om än i låg grad, om att fotografen valt just den bilden bland en oändlighet av andra möjliga motiv. Detta gäller även de mest avslappnade familjebilder. Fotografens sätt att se återspeglas i hans ämnesval. Målarens sätt att se rekonstitueras av de spår han avsätter på duken eller papperet. Även om varje bild förkroppsligar ett sätt att se är vår uppfattning eller bedömning av en bild också beroende av på vårt eget sätt att se. Jag ser något i ett fotografi som du inte ser och tvärtom. Vem ska avgöra vem som inte ser det ”rätta”?

Fotografiet som konstart har naturligtvis sina anhängare. André Bazin (1960:8) menar att fotografiet kan överträffa konst i skapande kraft. Målarens estetiska värld är av ett annat slag än världen omkring honom. Dess gränser omfattar ett avsevärt och väsentligt annorlunda mikrokosmos. Fotografiet som sådant och objektet i sig har en gemensam existens, som ett fingeravtryck. Därför bidrar fotografi faktiskt något till det naturliga skapandet istället för att erbjuda en ersättning för det. Här finns alltså det sammanhang som många tycker sig finna mellan det fotograferade och den slutgiltiga fotografiska bilden.

Latour & Hermant (1998:41) beskriver en situation på Café de Flore i Paris där ett par nordamerikanska turister stirrar på ett annat par som sitter i lokalen. Det första paret har tagit ett fotografi av det andra, ett TYPISKT fotografi, en kliché – ett franskt ord som även används i svenskan. Finns det en mer parisisk scen än älskande engagerade i passionerad konversation, omedvetna om sin omgivning, glasen och servitörerna, akademikern som läser sin tidning, kaféägaren och hans affärsangelägenheter; likgiltiga även för turister, som så typiskt, knäpper bilder av dem. ”Precis som en Doisneau”, säger den ene amerikanen till den andra, ”Paris är alltid Paris”, ”*Plus ça change, plus c'est pareil*”. (”Ju mer det förändras desto mer förblir det likadant” (min övers.)). Vi har alla förväntningar på livet och har huvudet fullt av stereotypa tankar om hur saker och ting ska vara. Risken kanske är att vi enbart söker efter scener och motiv som bekräftar våra föreställningar om vad, till exempel Paris, ska ge oss i form av fotografier. Risken att det slutar med en kliché är överhängande. Det kanske inte heller är dåligt, det är klichéer och stereotyper som bidrar till att göra världen förståelig.

Ikonoclash : kritik och beröm drabbar möts

Vid en omfattande konstutställning 2002 använde Bruno Latour termen ”iconoclash” (bildstorm) för att definiera dynamiken i det fascinerande, till synes universella kulturella fenomenet: vår hatkärleksrelation med bilder. Peter Gibian (2011) beskriver hur Bruno Latour introducerade begreppet ”ikonoclash”. Termen var enligt Latours uppfattning nödvändig för att förmedla den dubbla karaktären hos den process genom vilken ikonoclasm – människans lust att kritisera och förstöra bilder så ofta uttrycks i samband med sin tvilling och synbara motsats ikonofili eller idoldyrkan, den mänskliga impulsen att förtrollas av visuella figurer. För Latour upplevs denna dialektiska växling mellan ikonoklasmen och ikonofilin av det mänskliga subjektet som att de två oförenliga impulserna alltid tycks uppstå tillsammans, uppmanar oss i samma ögonblick, även när de tvingar oss i motsatta riktningar.

Sett ur sociologiskt perspektiv skulle fotografi och film, enligt André Bazin (1967:10), kunna ge en naturlig förklaring till den stora andliga och tekniska kris som drabbade modernt måleri runt mitten av 1800-talet. Andre Malraux har, enligt Bazin, beskrivit filmen som den yttersta utvecklingen hittills av formbar realism, med start i renässansen och med sitt mest kompletta uttryck i barockkonsten. Har den sekelgamla konflikten i synen på skillnaden mellan måleri och fotografi bara varit av ondo? Eller har den utvecklat båda konstarterna?

Betraktarens påverkan av fotografiets emotioner

Den berättelse som eventuellt lever i ett fotografi omvandlas till nya berättelser när nya betraktare konfronteras med bilden. För varje ny betraktare som möter fotografiet uppstår ytterligare nya berättelser. Det beror naturligtvis på att det är inom betraktaren som bland annat spåren och erfarenheter ur betraktarens förflutna tvingar fram berättelser ur bilden. Det beror inte enbart på att bilden i sig har en mångfald av berättelser att presentera för nya betraktare.

I de berättelser som hämtas fram har några betraktare sin egen favorit. Det visar sig när två betraktare diskuterar ett fotografi de båda sett och tycker är "bra". Här kommer troligtvis två, eller fler, väldigt skilda berättelser att träda fram och berättelserna kan vara överlappande eller befinna sig så långt ifrån varandra som det bara är tänkbart. Vi tänker med bestämdhet att det inte verkar vara samma fotografi de båda har sett. Det pekar dock på det som Mitchell (2005) tagit upp. Lever bilden med någon slags insikt i sitt innehåll? Som om bilden skulle ha en egen vilja med de skilda berättelserna. Det förefaller onekligen vara på det viset och det verkar som om det inte finns någon bild stark nog att stoppa denna "kraft" eller detta "uttryck" som emanerar ur fotografierna. Kanske vi aldrig riktigt kommer att "förstå" fotografier på samma sätt som annat betraktande. Som jag ser det är det en spännande, men oerhört mångfaldig berättelseflora som genereras av de fotografier vi skapar.

Det brokiga utbudet av berättelser som på sätt och vis uppstår när betraktaren ”speglar” sig i ett fotografi innebär att det inte finns något övre tak för hur många berättelser det egentligen kan välla fram ur ett enstaka fotografi. Om vi multiplicerar det antalet med antalet möjliga betraktare är vi uppe i svindlande mängder av möjliga berättelser som har teoretisk möjlighet att uppstå i takt med att fler betraktare exponeras för ett fotografi. Vi kan anta att betraktarna till en del påminner om varandra, men det är inget de egentligen behöver göra. De kan allihop komma som en våg av ”nya” betraktare. Vi ska hålla i minnet är att det är dessa betraktares egna minnen, erfarenheter eller kunskap som reflekteras i fotografiet. De skapar en eller flera berättelser i sinnet hos betraktaren. Det handlar om vad vi vanligen klassificerar som ”beröring”, en emotionsfylld upplevelse som har grävt djupt i sinnets bottensats av föreställningar om världen: utan dem skulle vi överhuvudtaget inte kunna kommunicera på något sätt, inte ens med det traditionellt språkliga. Innebär det att det kommunikativa handlar om ett bildspråk? Vi får nog beskriva bandet mellan betraktare och bild som ett kommunikationsutbyte. Detta som antagligen i grunden handlar om språkliga möten – mellan människor – kan gripa mer eller mindre djupt. Vi vet aldrig vilka demoner vi rör upp ur vårt inre när vi studerar ett nytt fotografi. Det är onekligen en spännande resa att ge sig i kast med att betrakta – att läsa fotografier.

Vore det inte för att vi som betraktare är nyfikna skulle vi aldrig uppleva några bilder som griper tag i oss. Som om det vore möjligt att undvika, eftersom blicken ständigt läser av omgivningen och ständiga avvikelser från det vi lärt oss är normalitetens riktmärke. Utan blicken inget betraktande och utan betraktande skulle inga bilder bli gjorda eftersom det inte skulle finnas någon ”marknad” för dem. Vi skulle helt enkelt inte se någon vits med att producera bilder som skickas ut i ett svart hål av ointresse. Istället växer vi upp och lär oss att alla, verkligen alla, är intresserade av att titta. Det finns inga undantag, även om vissa hävdar detta.

Vi söker oavbrutet nya upplevelser för vår blick. Vi samlar in information som sätter igång en känslomässig reaktion i vårt inre. Kort och kort handlar det om att vi får en slags endorfinkick av att se vår omvärld i nya konstellationer, i delar, hårt beskuren eller i kombinationer vi inte tidigare stött på.

Finns det anledning att anta att bilder och framför allt fotografier är laddade med sina motivs emotioner och det är dessa som kan komma över betraktaren i form av känslor? C. J. Ducasse (1964) gjorde ett försök att reda ut detta på 1960-talet, sedan har fenomenologerna på sitt sätt varit inne i ämnet. Främst existentiella fenomenologer som Hannah Arendt, Simone de Beauvoir, Martin Heidegger, Emmanuel Levinas, Jean-Paul Sartre och Maurice Merleau-Ponty. I dessa texter har jag framför allt lutat mig mot de två senare. Vi kan fråga oss om de emotioner vi känner av, i form av känslor, finns på plats i ett fotografi i den värld vi kan se, eller om det är ett samspel med våra erfarenheter, så att vi projicerar känslor på ett fotografi och sedan upplever dem som om fotografiet får oss att reagera på detta sätt? Har dessa emotioner skapats av en slags korsbefruktning av de tecken som finns i fotografiet och vårt inlärda sätt att tolka dem? Är fotografiets budskap en spegling av vad vårt psyke vill att fotografiet ska innehålla? Den som börjar betrakta fotografier upplever ofta att suget efter att se allt fler fotografier efterhand blir allt starkare. Betraktandet tenderar att utvecklas till en slags fotonarkomani. Betraktande av fotografier genererar upplevelser och upplevelserna genererar behov av att bland annat se fler fotografier.

Vad är det betraktaren ser? Utan kunskap och egna erfarenheter ser betraktaren inte mer än någon slags skugga på en plan yta. För att vi ska känna igen en skog måste vi ha lärt oss att förstå begreppet – för att vi ska se något som ett uttryck för ångest måste vi ha en förkunskap om ångestens begrepp. Vi kan egentligen inte hitta något som vi inte redan är bekanta med. Sedan kan mixen i konstverket vara sådan att nya relationer mellan de för betraktaren bekanta delarna skapas. De bilder vi betraktar består av ett urval bilder utifrån en i princip oändlig mängd. Några av alla dessa bilder fångar vår uppmärksamhet och får oss att mer eller mindre försjunka i bilderna.

Några av bilderna fångar oss på ett mer djupgående sätt än andra och vi delar med oss av vårt inre genom att låta detta reflekteras och bilden kan tränga in i vårt psyke på nytt. Av alla de möjliga bilder vi kan betrakta är det endast de vi fastnar för, eller i, som betyder mycket för oss. På så sätt är vi i rollen av betraktare på väg att ta oss in i bilden, samtidigt som den tar sig in i oss.

Vi lever för en kort tid i en slags symbios med bilden, under den tid vi betraktar den. I detta gränssnitt äger den "upplevelse" rum som vi kan erfara ur bilden, den påverkan på oss som bilder utstrålar. Här sker den överföring av emotioner, från betraktaren, till bilden som resulterar i våra upplevda känslor.

Under detta utbyte av emotioner upplever betraktaren att bilden har en "mening", det vill säga, betyder något som kanske är unikt för just denna betraktare och inte kommer att upprepas när nästa betraktare ser bilden. Möjligen inte ens när samme betraktare ser bilden på nytt. Eller så kommer exakt samma serie av känsloaktivering att äga rum när nästa betraktare kliver in på scenen och detta sker även om det kanske beror att denna nya betraktare har liknande bagage som den första. Det är detta som Pierre Bourdieu (1990) beskriver som "habitus", som ger släktskapet mellan de två på varandra följande betraktarna. De kan sägas bära på samma slags finkulturella bagage. Habitus kan betraktas som förkroppsligat kapital. En människas habitus är således en produkt av hennes livshistoria. Jag tänker att detta beskriver den "ryggsäck" av erfarenheter vi bär med oss genom livet. I denna text går jag inte djupare in i det.

Kanske är det därför "kultureliten" ser på konst på sitt speciella sätt och i vissa fall betraktar fotografi som ett angrepp på (målar)konsten. Det kan sägas handla om att du som "förstår" konst på det "etablerade" sättet har en lämplig bakgrund för detta genom att bära på ett kulturellt kapital som är en förutsättning för denna tolkning av konsten.

Den som inte bär med sig det rätta kulturella kapitalet kommer inte att uppleva konsten på det, enligt det kulturella etablissemanget, definierade sättet. Underförstått: det rätta sättet. Därför är det för innehavaren av det rätta kulturella kapitalet ett felaktigt sätt. Vi måste således vara uppmärksamma på den skillnad som markeras från kultureliten sida. Den har också under lång tid sett ner på fotografiet som konstuttryck, kanske av den enda anledningen att det inte alltid tar en månad från det att idén finns tills fotografiet hänger på väggen – en produktionstid som kan gälla till exempel måleri. Även om fotografiet inte är ett ögonblicks verk, som det emellanåt hävdats. Det tar sin tid och utövaren blir förmodligen bättre på sitt arbete över tid.

Betraktandet kan däremot vara ett ögonblicks verk. Antingen så fångar bilden betraktaren eller så fångar betraktaren bilden. Den attraktionen kan vara omedelbar. Det finns kanske bilder som "växer" vid ett andra eller tredje betraktande. Det beror antagligen på att betraktarens sinnesstämning är annorlunda under det tredje betraktningstillfället. Betraktaren är mer inställd på att konsumera den aktuella bilden.

Den känsla vi upplever vid betraktande av dessa bilder är något som triggas utifrån, men som upplevs inombords. De finns således på plats i en betraktare redan när vi träder in på ett galleri och för första gången tittar på bilderna. Det handlar om en reaktion som uppstår vid den punkt där vi observerar denna bild för första gången. Då kopplar vårt förflutna bilden vi studerar till nutiden som om det är en upplevelse vi har nu – trots att den triggas av något som skedde då, det vill säga i förfluten tid.

Upplevelserna

Hoppet om att radikalt kunna förändra livet ligger inte längre i hjärnan, utan har hamnat i hjärtat, skriver den franske filosofen Michel Lacroix (2001) i essäsamlingen ”Le culte de l'émotion”. Boken handlar om jakten på upplevelser, kickar. Varje epok i historien har sitt människoideal, från renässansen till dagens individualistiska människoideal, som Lacroix menar är Homo sentiens – känslomänniskan. Hjärnans logiska delar lämnas bakom en när man tränger bakom själens traditionella skal och satsar på de “primitiva“ känslorna. Lacroix försöker beskriva mekanismerna bakom känsloupplevelsernas narkomani, vad som driver oss att jaga “kickar“. Genom bungy-jump eller andra extrema aktiviteter visar vi har en tillhörighet. Känslokulten och kroppskult är beroende av varandra. Känslorna har den fördelen att de även påverkar kroppen.

Reklamens budskap speglar den samhälleliga själen, menar Lacroix, och det är för att reklammakarna återger den samhälleliga själen som reklamen kan visa Grand Canyon från helikopter, snowboardåkare på den chilenska vintersnön, brasilianska rytmer och elefantritt på Sri Lanka. Dessa reklamteman handlar om känslor, att känna att man upplever något, gärna äventyrligt. Det är vad den nutida människan saknar. Eftersom omvärlden inte ger mig valuta för mitt agerande återstår det bara för mig att använda den makt jag har på min egen själ. Hur uppstår denna fokusering på känslorna? Lacroix menar att det är en slags mekanismer för kompensation. Känslostormarna ersätter den tomhet vi upplever på grund av förlusten av hoppet om framtiden. Det hoppet har försvunnit för oss genom samhällets förändringar. Vi är enligt Lacroix skapade för ett annat liv än det många i västvärlden lever idag. Vi är gjorda för att klara fysiska utmaningar, men den sortens utmaningar är få i det moderna samhället.

Istället utsätts vi för överstimulering av sinnena, vi kan genom kameran på Formel 1-bilen uppleva farten och se bilder som förr var reserverade för den som körde bilen. Vi kan utnyttja det Lacroix kallar ”den shamanska transen” genom att till exempel dansa på rave-partyn. Världens geografi har fått en annan roll genom att vi kan genomkorsa Amazonas regnskogar på tillrättalagda resor där vi bara upplever russinen i kakan. Vad Lacroix kallar den “perversa utmaningen“ resulterar på den kriminella skalan i att man blir seriemördare eller liknande. De flesta av oss nöjer oss med att på fritiden se filmer och läsa böcker om liknande saker.

Men detta resulterar i att vårt känsloliv utarmas och vi behöver riktiga kickar för att må bra. Lacroix ser två typer av upplevelser/känslor; dels den kontemplativa, som räcker under lång tid, dels den som mer chockar vårt nervsystem med intryck och känslor, men går över ganska snabbt. Den som blir tillvand på den senare typen jagar som en knarkare efter ständigt nya kickar, medan den som nöjer sig med den stillsammare varianten inte behöver jaga på samma sätt.

Som den filosof han är menar Michel Lacroix att den mer kontemplativa upplevelsen/känslan ger individen mest i långa loppet. Den andra typen av kick är snabbt övergående och liknar alltför mycket ett knarkrus för att vara riktigt bra.

Tidsandan

Är vi i färd med att bli kopior av de människor vi ser på TV? Håller världen på att tokutvecklas till en gigantisk karaokeföreställning, som grundaren av punkgruppen Sex Pistols, Malcolm McLaren hävdat? Varför tycker många av oss att det är i sin ordning med TV-program som ”Sikta mot stjärnorna” där människor kopierar vad andra gjort? Vad påverkar oss att byta ut våra kläder, våra idéer och våra uttryck mot nyare varianter? Finns det en ”duktighet” i att efterlikna andra, vara varandras replikanter? Finns någon likhetsmagi i detta, så att om jag har samma märkesprodukter som de jag vill vara som, så befinner jag mig närmare dem?

Några av dessa frågor försöker musikjournalisten Patrice Bollon (2002) bena ut i boken ”Esprit d´Époque”. Det är ingen liten uppgift han tar sig an. Bollon går metodiskt till väga, med svepande generaliseringar som ger en del intressanta vinklingar på vad och vilka som påverkar oss. Vad är då den minsta gemensamma nämnare i vad vi kallar ”tidsandan”? Vi har förmåga att se en bil, ett klädesplagg, en möbel eller höra en sång och placera den ganska bra i tiden. Det beror naturligtvis på att det finns ett släktskap mellan det mesta som produceras under en viss epok.

När det handlar om konfektionskläder drabbas även de av ”modet” även om inte lika radikalt som inom haute couture. Det innebär att vi som är hänvisade till att handla på H&M, IKEA eller Intersport kommer att påminna om varandra. Vi går omkring som tickande bevis för att tiden är ”nu” och ett decennium senare är den lika klart ”då”. De saker vi inhandlar måste påminna oss om något, kanske vi sett någon framstående människa iförd något liknande. En av de mest kända produkterna i västvärlden är ”Chanel no 5” som introducerades 1921. Marilyn Monroe gav parfymen extra draghjälp när hon i en intervju på 1950-talet på frågan om hur hon var klädd när hon sov svarade: – I Chanel no 5!

Varken Yves Saint Laurents ”Opium” som lanserades 1977 eller Calvin Kleins ”CK One” från 1996 har ännu nått upp till femmans framgång även om ”CK One” tog en bra bit av marknaden. Chanel no 5 har haft många fler år på sig. Kanske vårt behov av förebilder är så djupt rotat att det inte går att leva utan att påverkas av andra, även om vi spjärnar emot allt vi kan? Men, det just vad vi inte gör, rätt vad det är så har vi förändrat oss och vet inte riktigt hur det gått till.

Vem kopierar vem? Tycker jag att tre dagars skäggstubb och renrakad skalle är i sin ordning för att jag sett en sönderslagen Bruce Willis med de attributen i tillräckligt många filmer? Vill jag vara Bruce Willis?

Eller handlar det om att jag vill skaffa mig närhet till zenbuddistiska munkar, skinheads, rappare, Kojak eller Yul Brynner? Genom att raka huvudet visar jag en slags värdegemenskap med andra i samma situation. Men det kan gå snett.

Breda axlar är något våra kläder kan hjälpa oss att få om vi inte orkar lägga ner den tid det tar att trimma kroppen. Eller om naturen varit njugg mot oss genom att göra oss smalaxlade. Modeskaparna genererar genom att accentuera axlarna i det kvinnliga modet en mer feminin framtoning, trots att breda axlar är ett traditionellt maskulint önskedrag, menar Bollon.

Under tiden från förra sekelskiftet fram till första världskrigets utbrott 1914 föreskrev hårmodet på kontinenten lockigt hår. Modeslavarna kunde se ut som om de hade ett fårskinn på huvudet. Det hade sin upprinnelse i att det fanns föreställningar om att lockigt hår gjorde ett mer älskligt intryck, medan rakt hår å andra sidan representerade det ”vilda”. Vid ungefär samma tid fanns fortfarande kvarlevan från 1700-talet att ett blekt ansikte signalerade aristokrati. Solbränna visade att man var tvungen att vistas utomhus, troligen för att försörja sig. Intressant är hur detta klassmärke helt skiftat betydelse. Idag är det på våra breddgrader ett tecken på välstånd med halvdjup solbränna, medan det betraktas som lite ”bonnigt” att sola sig till mahognytoner. För att inte prata om alla de signaler om cancer som en djup ton i huden ger.

På 1920-talet tog porträttfotograferna ”naturliga” fotografier, med liksidigt ljus. På 1930-talet blev det mode med starkare ljus från ena sidan. Det innebar att endera halvan av ansiktet blev mörkare. Under 50-talet blev softade bilder mode. Under 1960-talet blev fotoporträtten mer ikon-lika med objektet i mitten. Vi får genom samvaro och samtal med andra insikt i hur de tänker. Andra rättar in sig efter vårt tänkande och vi får en slags karaokeisering. Vi försöker, men vi kan inte undfly vårt öde som ”replikanter”. Vi kanske inte kan undvika att bli replikanter om vi lever tillsammans med andra och påverkar dem samtidigt som de påverkar oss? I mångt och mycket verkar det vara vad samhället går ut på.

Det är möjligen så att ”tidsandan” med jakten på adrenalinpåslag är en jakt på emotioner, som i sin tur ger kroppen svar i form av känslor på vad vi företar oss.

Hur skapas känslor via emotioner i fotografiet?

C. J. Ducasse (1964) har gjort ett försök att reda ut detta med emotioner i fotografier. Ducasse menar att överföringen av att de uttryckta emotionerna inträffar eller inte är till stor del oavsiktligt eftersom ett konstverk kanske aldrig uppmärksammas av andra än konstnären själv och ändå förblir ett konstverk. Den första omständigheten som är värd att uppmärksamma är att ordet konst i sin grundbetydelse betyder skicklighet och att de syften i jakten på vilka man använder färdighet kan vara mer specifikt pragmatisk, epistemisk, eller estetisk. Precis vari består den kreativa verksamhet som kan kallas uttryck för emotioner av det som konstnären utför vid den tidpunkt han skapar ett konstverk? Vad menas med att säga att konstverket, när det väl finns, själv ”uttrycker känslor”? En mer rättvis redogörelse av vad som verkligen hävdas då konsten sägs vara emotionernas språk skulle vara att konsten är känslornas språk.

John Dewey (1980:35) skrev sin bok ”Art as experience” på 1930-talet när den moderna tiden bröt in över västvärlden och Dewey funderade kring relationen mellan konsten och upplevelsen av konsten. Dewey menade att saker är upplevda, men inte på sådant sätt att de är sammansatta till **en** upplevelse. Det finns distraktion och spridning; vad vi observerar och vad vi tänker, vad vi önskar och vad vi får, är i strid med varandra. Vi lägger våra händer på plogen och vänder tillbaka; vi startar och sedan slutar vi på grund av ovidkommande avbrott eller inre letargi. I motsats till sådan erfarenhet, menade Dewey, har vi en upplevelse när det upplevda materialet följer sin kurs till uppfyllelse. Då och bara då är det integrerat i och avgränsas av den allmänna strömmen av erfarenheter från andra upplevelser. Ett arbete avslutas på ett tillfredsställande sätt; ett problem får sin lösning; ett spel spelas igenom; en situation, vare sig det gäller att äta en måltid, spela ett parti schack, föra en konversation, skriva en bok eller delta i en politisk kampanj, är så avrundade att dess slut är en avslutning och inte en upphörande. En sådan upplevelse är en helhet och bär med sig sin egen individualiserande kvalitet och självförsörjning. Det är **en** upplevelse.

Finns det varma eller kalla bilder och är det i så fall samma sak som att säga att bilderna är emotionsframkallande eller inte? Jean Baudrillard (2001:160) tänker sig att medialiseringen gör att allt upplevs som en mediehändelse. Tänk på en omgång datorschack. Finns intensiteten i schackspelet eller i datorns aktiviteter? Det ena handlar om lek, det andra om lekfullhet. Samma sak gäller för en TV-sänd fotbollsmatch. Baudrillard menar att vi inte ska tro att det handlar om samma match: en är varm, den andra kall – en är ett spel, med dess emotionella laddning, dess övermod och koreografi, den andra är taktil, modulerad (spela upp, närbilder, panoreringar, slow motion, olika vinklar, etc.). Den TV-sända matchen är framför allt en TV-sänd händelse, som Förintelsen eller kriget i Vietnam och går knappt att skilja från det senare.

Upplevelsen av bilden går mycket fort, skriver Bo Bergström (2000:135). Upplevelsen av bilden består i dels en personlig känsla och bedömning, dels en bearbetning av intrycket och ett slags gensvar eller reaktion. Det är detta lilla drama vi ständigt upprepar och går igenom vid varje betraktande av bilder. Det innebär att varje ny bild vi ser inte betraktas utifrån ett tomrum – vi skapar de sammanhang som behövs för att vi ska finna någon mening i bilden.

Baudrillard menar att introduktionen av färg-TV i USA, som hade varit långsam och svår, tog fart på grund av att ett av de stora nätverken beslutade att införa färg i Tv-journalistiken. Det skedde under Vietnam-kriget och studier har visat att ”färgspelet” och den tekniska finess som bars av denna innovation, gav bilder av kriget som var skonsammare att visa för allmänheten. Ju ”mer” sanning, desto större lekfull distans till händelsen. Vi tenderar alltså att uppskatta det som är inlindat och färgens kosmetiska finesser. På det sättet verkar eländet åtminstone färgglatt. Färgen hjälper till att förföra oss betraktare.

Förintelsen är, säger Baudrillard (2001:161), först och främst (och enbart) en TV-sänd händelse (vi får inte glömma Marshall McLuhans grundregel: mediet är budskapet). Det vill säga att det är ett försök att värma en tragisk men kall historisk händelse, den första stora händelsen i de kalla systemen, kylsystemen, system för avskräckande och utrotning som sedan skulle utplaceras i andra former (inklusive det kalla kriget, osv.) – och en händelse som berör de kalla massorna (judar är inte längre inblandade, men i slutändan tvingas de hantera sin egen död, massorna är inte längre upproriska – avrådas genom döden, avskräckas till döds). En kall händelse värms upp av ett kallt medium för massorna, själva kalla, som bara kommer att uppleva en postum känsla, en taktil och avskräckande rysning som gör det möjligt för dem att låta katastrofen glida in i glömskan med ett slags estetisk gott samvete.

Försöken att värma upp allt detta och den politiska och pedagogiska orkestrering som följde den TV-sända händelsen i ett försök att ge det mening var inte överdriven, skriver Baudrillard. Paniken inför programmets eventuella konsekvenser på barns sinnen, socialarbetare mobiliserade för att filtrera det, som om denna konstgjorda uppståndelse bar på en risk för smitta! I själva verket var faran den motsatta – den som följer av sociala trögheten i kalla system – kyla som producerar kyla. Således måste hela världen utnyttjas för att rekonstruera det sociala (värme) för kommunikation ur det kalla utrotningsmonstret.

Brown och Phu (2014:10) menar att när fotografer började ställa högre estetiska krav på sina bilder under andra hälften av artonhundratalet, kritiserade konservativa kritiker dessa ansträngningar genom ett argument baserat på kamerans oförmåga att fånga operatören, den blivande konstnärens känslor. Konst, lyder argumentet, ”beror inte på kunskap, utan på känslan”, som den engelska konstkritikern Philip Gilbert Hamerton konstaterade 1887. För att få betraktaren att ”älska verket måste en konstnär vinna vår sympati med sin känsla.” Som de som känner till historien om konstfotografi vet, var det kamerans urskillningslösa dokumentation av alla detaljer, den skenbara oförmåga hos operatören att välja en detalj framför en annan, som lämnade fotografen utanför konstens gränser. Med detta synsätt, hindrar kamerans ”slaviska imitation av naturen” konstnärens centrala roll att göra och kommunicera estetiska bedömningar och ger till resultat, för att fortsätta med Stillmans polemik att ”en fotografisk vy varken kan ha känsla eller uttryck”. Utsikterna var inte mer hoppfulla för porträttet. Medan porträttmålare kan fånga modellens lyftande känslor och ändå behålla dem i minnet för att återge det troget, innebar kamerans oförmåga att fånga sådana flyktiga ögonblick i en tid av våtfilmsfotografi att alla fotografiska porträtt nödvändigtvis blev karikatyrer av modellens känsloliv. Som Hamerton hävdade: ”fotografi är en rent vetenskaplig och okänslig konst” – med andra ord, inte konst alls.

Fotografier kan uppnå en status som motsvarar den hos en religiös ikon – de är utsmyckade, dyrkas eller tillbeds, även i fall där de politiska övertygelserna hos de avbildade personerna är anti-religiösa, konstaterar Ilija Tomanić Trivundža (2014:223). Efter Che Guevaras död blev det berömda porträttet av honom föremål för religiös tillbedjan (porträttet togs till kyrkan för att välsignas och hängdes bredvid en bild av Kristus och Jungfru Maria) och Mao Tse-tungs porträtt blev en del av bröllopsceremonier. Vad som bör noteras är att tron på ”mervärde” hos fotografiska porträtt underhålls av avgudadyrkare samt ikonoklaster. Bilder av politiska motståndare eller före detta älskare förstörs just på grund på av att på någon nivå hävdar människor att våldshandlingen på något sätt kommer att överföras från bilden till dess motiv. Även ”offentlig demonstration” är en viktig aspekt av ikonoklastiska handlingar, stympningen av bilder och den emotionella intensiteten med vilken den sker indikerar begreppet överföring av smärta till den avbildade personen själv.

Oavsett den specifika formen av tro på ”mervärde” på fotografiska bilder, uttrycker uppfattningen att bilderna har någon form av inneboende, nästan förhäxande makt över betraktaren. Denna speciella makt kan allmänt tolkas som en makt över rationaliteten i det mänskliga sinnet. Vi låter oss påverkas, vi släpper in fotografiets emotioner i våra egna känsloliv.

Tolkningen av innebörden hos fotografier beskrev Allan Sekula (1982:85) som ”ofullständiga uttalanden”, ett meddelande som ”beror på någon yttre matris av villkor och förutsättningar för sin läsbarhet” skriver Mitchell (2005:27). Följaktligen kan inte fotografiernas makt härledas enbart deras transparenta omedelbarhet, full av potential att framkalla känslor och önskningar, men också från deras ogripbarhet vad gäller bestämd innebörd – bilder är kraftfulla och magiska på grund av sin tystnad, på grund av "sitt dumma insisterande på att upprepa samma meddelande" som omvandlar dem till blanka ytor för projektion av idéer. Denna projektion är inte begränsad till innebörden av vad som visas i bilden, utan sträcker sig till vår förståelse av fotografi som ett medium för att bevara spår, både "riktiga" och "magiska".

Skyddade medelklassinvånarna i de mer välbärgade hörnen av världen – de regioner där de flesta fotografier är tagna och konsumeras – lär sig om världens fasor främst genom kameran: fotografier kan och skapar smärta, skriver Susan Sontag (1973:85). Men den estetiserande tendensen inom fotografering är sådan att det medium som förmedlar ångest slutar genom att neutralisera den. Kameror miniatyriserar erfarenheten, förvandlar historien till spektakel. Lika mycket som de skapar sympati, skär fotografier bort sympatin, distanserar känslorna. Fotografiets realism skapar en förvirring om det verkliga, som (i längden) är smärtstillande moraliskt, samt (både på lång och på kort sikt) sinnesstimulerande. Därför rensar det våra ögon. Detta är den friska visionen alla har pratat om.

Sarah Parsons (2009:290) invänder att känslor och emotioner befinner sig i centrum i Sontags berömda, ofta frustrerande motsägelsefulla och oupphörligt sonderande bok "On Photography" som är ett försök att förstå de moraliska konsekvenserna av den kraft i fotografier som provocerar starka känslor. På andra håll i texten hävdar Sontag att för att fotografier ska kunna länka emotioner som de hon fick vid betraktande av fotografier från Förintelsen till moral och för att dessa känslor ska väcka samvetet, måste betraktarna redan ha ett sammanhang att placera dem i. Det är en viktig iakttagelse, vi förstår inte fotografier som vi inte kan tolka eller kan sätta in i ett för oss meningsfullt sammanhang.

"I filmen om tjurfäktaren Manolete är vi närvarande vid den berömda matadorens död och även om våra känslor kanske inte är lika djupa som om vi var faktiskt varit på plats i arenan vid det historiska ögonblicket, är de av samma art", skriver André Bazin (1967:98). Vad vi förlorar genom att inte själva vara ögonvittnen kan vi inte återta på grund av den konstgjorda närhet som tillhandahålls av den fotografiska förstoringen. Allt äger rum som i den tid och rum som är definitionen av närvaro.

Febvre och Bloch sökte en ny typ av historia som utforskade, utöver den vanliga politiska historien om stater och kungar, de sociala och ekonomiska strukturerna i ett samhälle samt dess "mentala verktyg", nämligen trossystem och kollektiva känslor som människor i det förflutna förstod och som gav mening i deras värld, skriver Alon Confino (2008:77-78). Denna historia om mentaliteter gav en helt ny metod för studier av det förflutna, eftersom den tog historien om kollektiva representationer, myter och bilder på allvar. Historien om det kollektiva minnet – av hur samhällen minns sitt förflutna, hur de representerar det och ljuger om det – sågs som en viktig del i detta arbete. Bloch publicerade 1924 sin klassiska ”Les Rois thaumaturges” om ”tro och fabler” kring medeltida kungliga helande riter, där han använde termer som ”kollektiva idéer” och ”kollektiva representationer.” I mitten av 1920-talet började han använda termen ”det kollektiva minnet.” Vad är då det kollektiva medvetandet? Handlar det om utbildning eller är det en fråga om ett slags kulturellt kapital?

Fotografiet som en dröm

Alla de fotografier vi gjort handlar till stor del om att fånga en dröm. En dröm om det fotografi som verkligen berättar något för betraktaren. Stora åthävor och stereotyper är inte samma sak som att berätta något i fotografiet. Nu är väl jag en av de fotografer som använder mest stereotyper av alla, men det är ingen god idé bara för den skull. Med stereotyper menar jag fotografier av utslagna människor, bilder på barn och djur. Listan kan göras längre. Någon skrev om detta någon gång att västerländska män med kamera tenderar att fotografera ”vildar, kvinnor och barn”. Vildarna, som inte är som vi ”västerländska män”, för att de verkar farliga, kvinnor för att de är vackra och barn för att de är söta. Listan på dessa stereotypa fotografier kan göras mycket lång, det är det ingen tvekan om. Vi har dock alla samma möjligheter att skapa nytt, men vi tenderar trots det att återskapa sådant som redan är gjort. Även om det inte handlar om att direkt kopiera en förlaga påverkar de bilder vi har sett oss att vilja ta motiv liknande de vi sett. Det handlar antagligen om att bildbanken i vår hjärna påverkar oss att ta kopior av bilder vi redan sett andra göra. Det vi bör göra är att inspireras av de redan gjorda bilderna för att skapa nya bilder, se till att något nytt skapas.

De bilder vi försöker fånga är delar i en sorts dröm vi försöker jaga, något som vi letar efter på alla gator och torg. Något som vi tror finns i allt vi skapar, dit vi vill bege oss för att förstå alla de enskilda delarna. Sedan är det, möjligen, en del av oss själva som vi försöker ta ett fotografi av ute i den verklighet vi betraktar omkring oss. Där vi vet att det ska ge oss svårigheter.

Om det är lika enkelt som att ta ett fotografi av något vi föreställt oss ska finnas i de omgivningar som ger oss en del av allt. Vi kan i princip se en slags bild i allt vi ser, vi kan ge upp tanken på en meningsfull bild och då tar vi plötsligt en bild som fyller oss själva med förundran: har jag lyckats ta denna? Det vi inte kan tänka kan vi inte förstå. Kan vi inte föreställa oss att en sliten gränd i en sunkig stadsdel kan ha ”vackra” komponenter kommer vi aldrig att kunna ta ett fotografi av det sköna. Susan Sontag (1973) menade att vi kan se det vackra i det fula, eftersom vi egentligen inte fotograferar det fula, utan jagar skönheten i det fula. Om vi kan tänka ut, planera ett fotografi är risken påfallande att någon annan redan har tagit den. Kan jag fundera ut något, så kan alla andra göra det också.

Fotografiet kan genom att det kan kallas en dröm visa sig för betraktaren som visuella experiment om betraktaren inte ”förstår” fotografiet. När en bild rent

”objektivt” innehåller två eller fler berättelser beror det på vilka delar av berättelserna vi lyckas förmedla till betraktaren. Vi klipper på detta sätt ihop en slags film av detaljer, ljusspel och figuranternas positioner och blickar – fragment av händelser i de fotografier vi fångar. Här kan slumpen spela stor roll. Jag kan efteråt, när jag betraktar fotografierna på storskärm, se detaljer jag inte var fullt medveten om vid exponeringstillfället. Jag såg antagligen något, gjorde en ramning och tryckte av. Här liknar detta sätt att fotografera de litterära cut-up-tekniker som William Burroughs och även Bob Dylan har använt sig av. Flera skeenden, som kanske inte är relaterade, finns i samma fotografi och gör det drömlikt, magiskt eller mystiskt.

Bildens berättelser får på detta sätt ett djup som de kanske inte haft om enbart det vi initialt reagerade på när vi exponerade den. Slumpen, eller möjligen vårt undermedvetna, såg detaljer vi inte var direkt medvetna om och gav oss den bild som förvånar oss vid bildskärmen. Hur de än tvingas samman är berättelserna i ett fotografi av denna typ mer komplicerade och ger därför ”mer” mening, om än kanske inte ”bättre” mening.

Vad är det då som fångar oss i ett fotografi? Handlar det om det drömlika eller om det hallucinatoriska? Eller handlar det enbart om det faktum att den snabba hjärnan hjälper oss att fokusera på ett utsnitt av det vi ser? Kameran gör, med undantag av hur djupt fokus vi ställt in, inga sådana selektiva åtgärder. Kameran ger oss en bild av vad som finns framför objektivet. Det drömlika uppstår när vi som betraktare studerar våra fotografier och upptäcker alla de där detaljerna vi inte observerade vid exponeringstillfället. Fotografiet framträder som en scen ur en dröm. Här finns saker vi känner igen, men också sådant vi aldrig har sett. Det kan förvåna oss eller förarga oss (eftersom bilden ”störs” av detaljer vi inte observerat tidigare). Det handlar dock om att det är bidrag till den fotografiska berättelsen som fotografen aldrig riktigt kan styra.

Att skapa fotografi

Vad är ett fotografi? Är det ett minne, ett objekt (även om den digitala tekniken luckrar upp tanken på foto som objekt). Många slags materialiteter ryms i ett fotografi. Vad sker när vi skapar ett fotografi? Vad händer med den som skapar fotografi? Finns det ”motiv” som lockar och ropar på oss betraktare? Finns det krafter i fotografiet som vi ännu inte riktigt förstår, för att använda W. J. T. Mitchells fråga: ”Vad vill bilder egentligen?”. Mitchell (1996) anknyter till det mystiska eller magiska med fotografier som Ilija Tomanić Trivundža (2014:218) resonerar kring – det mystiska, det andliga eller det övernaturliga som funnits i fotografiets framtoning ända sedan tekniken blev känd. Såväl populära som teoretiska diskurser om fotografering har sedan begynnelsen genomsyrat fotografi med idéer om andlighet, mystik och det övernaturliga. Fotografiska bilder har tilldelats egenskaper utöver deras blotta förmåga att skildra ett objekt eller en scen: de har betraktats som förföriska, farliga, suggestiva eller upplysande, insinuera närvaron av eller ursprunget till mytiska, magiska eller gudomliga krafter. Politiska aktörer och yrkesverksamma inom media talar ofta om bildernas makt att påverka våra individuella uppfattningar och att mobilisera eller svänga grupptänkande, en process där det normala förhållandet betraktas som överväldigat av känslor, av ”mervärde” för bilderna själva. Vad är det som detta handlar om? Har bilderna en egen laddning med bitar ur den verklighet de avbildar, eller laddar betraktaren fotografierna enligt sin egen agenda? Min egen förtjusning i bilder som är svårtolkade, som innehåller en egen "gåta", är en variant av synen på bilden.

Mitchell (1996) konstaterar om teoretiska beskrivningar av fotografering att de ofta markerar en "brist" i språket för att förklara det visuella, eller ger upp sin strävan efter mening, det mest ökända fallet med det sistnämnda berör Roland Barthes, vars analytiska semiotiska apparat kapitulerade framför ett familjefotografi i Camera Lucida. Pierre Bourdieu (1990:73-74) noterar: *"Fotografi anses vara ett fullkomligt realistiskt och objektivt sätt att avbilda den synliga världen eftersom fotografiet sedan tillkomsten har tillmätts sociala användningsområden som anses vara "realistiska" och "objektiva"*." Detta sätt att betrakta fotografiet är den förment dokumentära aspekten, men vad innebär det för oss i den stund vi försöker skapa ett fotografi? Vad är det vi gör för att ett fotografi ska kunna berätta? Vad sker när vi med hjälp av världen omkring oss försöker skapa en mening eller en gåta i våra fotografier?

Vad säger ett fotografi?

Vi möter ständigt gamla uttryck som "en bild säger mer än tusen ord" som pekar i en riktning – bilden har stark övertygelse, men samtidigt åtföljs bilder ofta av texter. Hur hänger detta samman? Fotografen och konstnären Man Ray (1974:431) berättar i sin självbiografi om när han skulle hålla föredrag och fick förslaget att utgå från det gamla kinesiska tänkespråket: "En bild säger mer än tusen ord": *"På något sätt blandade jag ihop orden, kanske avsiktligt undermedvetet, och förklaradeatt en bild kunde frambringa tusen ord. Hade någon någonsin sett en bild som inte åtföljdes av en rubrik eller ett stycke text? Också när verket var självklart, som porträttet av en ung man som håller en blomma av en gammal mästare – när jag slog upp det i katalogen läste jag där: Porträtt av en ung man som håller en blomma."*

Fotografiet åtföljs ofta av en bildtext av den typ som Man Ray återger ovan. Om det är så att bildspråket är ett kommunikationsmedel på egen hand känns det absolut överflödigt att bifoga bildtexter som den Man Ray berättar om ovan. Olika processer verkar ligga bakom denna allmänna förtätning av bilder. Åtminstone sedan fotografi uppfanns har bildtyperna hela tiden ökat, skriver Göran Sonesson (1999:13). I allmänhet finns två sätt att skapa en bild: för hand, det vill säga, normalt med några enkla instrument som hålls i handen, som till exempel en penna, en pensel eller en skisspenna eller med hjälp av något mer komplicerad mekanisk anordning. Det första sättet kan kallas en kirografisk metod och det andra en teknografisk eller en mekanografisk. Exempel på bilder gjorda teknografiskt är fotografier, videofilmer och den datoriserade grafen. I allmänhet tar det mycket mindre tid för att producera en teknografisk bild än en kirografisk av motsvarande storlek och komplexitet. Det teknografiska sättet att producera bilder är dessutom tillgängligt för ett mycket större antal människor, eftersom det inte kräver den skicklighet som kräver lång tid för lärande eller någon medfödd talang. Det kriterium som tillämpas är då inte att producera konstnärliga bilder, utan en elementär överföring av information om det representerade objektet. Bildproduktionens historia i västerlandet har också resulterat i ett ökande antal replikat (eller kopior), både i absoluta tal och i förhållande till varje typ av bild. Naturligtvis har det alltid varit möjligt att producera kopior och sedan målandet blev ett hantverk, har förfarandet varit av grundläggande betydelse, som ett pedagogiskt förfarande samt ett sätt att utöva yrket. De mekaniska teknikerna för reproduktion gör det möjligt att producera kopior som upprätthåller likheten med den ursprungliga bilden (vilket motsvarar den ursprungliga eller i varje fall är ett steg närmare den). Bilden blir därmed ett tecken som mer och mer liknar det språkliga, i den meningen att varje påstående nu kan upprepas och förbli exakt identiskt; med andra ord, i den meningen att flera kopior kan göras av samma typ.

Det är i detta skede som ett konstverk, enligt Walter Benjamin (1974), blir mekaniskt reproducerbart, kan generera många replikat. I denna process förlorar den förmodligen sin ”aura”, som förknippas med dess karaktär av att vara unik, som nu värderas högt.

De bilder vi skapar med hjälp av en kamera tycks fylla flera funktioner – dokumentation av våra liv med bilder på barn, släktingar och olika ägodelar och bevis på vår konsumtion. De uttrycker på det sättet naturligtvis en mening i våra liv och om våra liv.

När vi ger oss på att ”skapa” (jag vill helst undvika detta pretentiösa ord) fotografiska bilder som ska innehålla de tankar och idéer vi har om livet, kärleken, arbetet och döden hamnar vi i situationer vi har bombarderats med bilder av under hela vårt liv. Naturligtvis innebär det att vi har idéer om vad en ”sorglig” bild är och hur en ”glad” bild ska se ut. Det vi måste avgöra är om det verkligen är att skapa? I den kreativa processen handlar det naturligtvis om att härma andra för att få grepp om hur de har gjort för att åstadkomma sina fotografier. Under den tid vi tillbringar med att ta alla dessa bilder som redan har gjorts, och troligen bättre än vad vi kan åstadkomma, lär vi oss förhoppningsvis hur vi ska hantera verktygen och kan ge oss på att försöka ta de ”egna” bilderna. Om de ska skilja sig från alla de bilder vi konsumerat medan vi lärt oss hantverket gäller det att ta i, kanske att snöa in på ett litet område och gräva ner sig där.

Kanske handlar det om att ta tiotusen fotografier av en grusväg under alla årstider och ljusförhållanden vi kan mäkta med. Kanske lyckas vi då med en enda riktigt meningsfull bild. Jag räknar vanligen med att göra hundra exponeringar för att få en hygglig bild, tusen för att få en som jag kan skriva ut på papper och tiotusen för att få en jag kan anse vara bra. Naturligtvis händer det, men sällan, att jag tar tre-fyra hyggliga bilder under samma eftermiddag. De hundra exponeringarna är dock en regel som bekräftar undantaget.

Susan Sontag (1973:4) menar att fotografer vid beslut om hur en bild ska se ut genom att föredra en exponering framför en annan, tvingar normer på motiven. Även om det finns en känsla där kameran faktiskt fångar verkligheten, inte bara tolkar den, är fotografier lika mycket en tolkning av världen som målningar och teckningar är. De tillfällen då fotografier är relativt urskiljningslösa, promiskuösa eller självutplånande minskar inte det docerande i hela processen. Denna passivitet och utbredning på varje fotografi är fotografiets "budskap", dess aggression, konstaterar Sontag. Fotograferandet är enligt Sontags sätt att se en slags maktutövning. Fotografen bestämmer vad det aktuella fotografiet handlar om.

Rosalind Krauss (1978:31) refererar författaren Honoré Balzacs teori om att alla fysiska kroppar i sin helhet utgörs av skikt av spöklika bilder, med ett oändligt antal blad liknande skinn, det ena ovanpå det andra. Eftersom Balzac trodde att människan var oförmögen att skapa något materiellt av en uppenbarelse, av något ogripbart – det vill säga skapa något från ingenting, drog han slutsatsen att varje gång någon hade tagit ett fotografi av honom, togs ett av de spektrala skikten bort från kroppen och överfördes till fotografiet. Upprepade exponeringar innebar oundvikliga förluster av nästa spöklika skikt, det vill säga själva kärnan i livet. Vi känner till att människor inom vissa kulturer inte tycker om att bli fotograferade. En del av själen tas ifrån motivet, enligt denna uppfattning, vilket påminner en hel del om Balzacs idéer ovan.

Vad vill vi säga med fotografi?

De tankar vi lägger in i fotografiet vi betraktar – hör de hemma i fotografiet – eller i vår egen hjärna? Kan vi se något i fotografiet som vi inte sett tidigare? Om vi inte tycker oss förstå vad vi ser så kanske vi inte ser något? Det skulle kunna innebära att vi i fotografiet ser saker som vi känner igen, eller för det oss kanske in i den till synes outsinliga fascinationen för det exotiska – det vill säga det vi inte är så bekanta med.

Det kan handla om miljöer från andra länder, mindre exponerade miljöer på närmare håll och människor med skilda sorter av exotiskt utseende. Dessa miljöer som motiv har naturligtvis sitt berättigande sett som motiv för dokumentation. Frågan är dock om vi ser något i dessa motiv som de mer vardagliga motiven inte ger oss? Eller handlar det enbart om motiv som förefaller nya för betraktaren?

Exotiska (nya för oss) kan motiven vara även om vi använder ovanliga vinklar, tidpunkter och ger oss in i det vara ”nya” bilder. Det viktiga är kanske att se till vad vi ger oss in i. Kanske är ”exotismen” enbart ett uttryck för att se världen på nya sätt. Det exotiska kanske finns i vår närhet. Det räcker med att för första gången se en bild av sig själv i profil – där finns en exotism som är spännande – trots att motivet ligger väldigt nära oss själva. Då inser vi kanske att det exotiska är det nya som döljs av det vardagliga. Det skulle kunna innebära att vi ”under” det till synes vardagliga kan hitta motiv som fascinerar andra än enbart fotografen.

Sedan finns en tendens, förutom att göra nya eller bra

bilder, att i princip ta samma fotografi gång på gång. Motiven kan till synes vara olika, men kompositionen och utsnittet ur verkligheten kan vara en upprepning av bilder som upphovsmannen redan tagit. Det påminner om vad som sägs om vissa skönlitterära författare – de skriver samma bok gång på gång. Kanske är det den riktiga vägen att gå tillväga, att hålla på med en typ av komposition tills det inte går att utvinna mer ur den? På det sättet mjölkar vi en komposition genom att genomföra den på snart sagt alla motiv som kommer i vår väg. Det handlar om en slags teknik, eller knep som gett oss vad vi tidigare tyckt vara ”bra” fotografier. Så, vi upprepar tillvägagångssättet.

Det ger, i bästa fall, ökad kompetens eller åtminstone ökad erfarenhet. Genom att tillämpa en inövad formel på motiven blir vi allt säkrare på att lösa det vi anser att fotografiet ska handla om. Kanske har vi alla bara en enda bild inom oss? Den som är den viktiga bilden för oss och därför tenderar vi att, med vissa variationer, upprepa den tills vi känner oss mogna att ge oss i kast med andra motiv? De ambitioner en fotograf kan ha handlar om vad denne försöker utröna i sin omgivning.

Försöken att ta samma bild vid upprepade tillfällen kan möjligen handla om att återskapa en bild ur det förflutna i våra liv. Jag märker att när jag fotograferar barn, vilket är sällan, att jag föredrar scener som påminner mig om min egen barndom. Det kan handla om vinklar, relationer mellan barnets storlek och de vuxnas, eller om barnens positioner i relation till omgivande byggnader. Där finns något som jag troligen är i färd med att bearbeta. Eftersom jag är försiktig med att fotografer främmande barn utan ledsagande föräldrar, så går det där projektet inte speciellt fort framåt. Jag kan dock se på en del av mitt beteende vid bildbehandlingen att det tycks finnas spår av 1950-talet i det.

I alla de situationer då vi kan göra ett fotografi är sannolikheten att vi idag, med den digitala tekniken, också gör det. Man kan tänka sig att det under en dag tas lika många fotografier som under hela 1950-talet (gissning). "Husbehovsfotograferandet" har växt till så enormt med den nya tekniken, där även ganska billiga mobiltelefoner har en 6 mp-kamera som under gynnsamma omständigheter kan ge en bild som är tryckbar i A4-format. Vad innebär det för fotoproduktionen och fotokonsumtionen över tid? Är det möjligt att ens komma med gissningar av vad detta kommer att innebära över tid?

Vad är det som händer när vi tar ett fotografi? Här en lista med några tankar kring detta:

• Bilden registreras på mediet (film, plåt eller minneskort)

• Bilden bearbetas (mörkrum eller bildbearbetningsprogram)

• Bilden sparas (fotoalbum, eller digitalt i album på någon slags hårddisk)

• Bilden visas för andra (eventuellt)

Det framgår av punkterna ovan att den digitala tekniken inte medfört några större förändringar av arbetsgången, eller för den delen, exponeringen av fotografiet. Den stora skillnaden är möjligheten att kopiera (klona) den bild vi vill lämna ifrån oss. Till skillnad mot vad den analoga tekniken gav möjlighet till innebär den digitala tekniken en lätthet att distribuera bildfilerna, utan förlust av teknisk kvalitet.

Trots alla dessa steg kan vi fortfarande fundera över vad fotografiet egentligen betyder. Handlar det om att fånga ett ögonblick, i någon slags subjektiv mening och läsning av bilden för att sprida den någonstans. Kanske är det bara en spridning i vårt eget medvetande eller också till andra människors medvetande. Är det som André Bazin (1967:14) framför, ett sätt av fotografen att "balsamera tiden", spelar den bakomliggande avsikten eller uppsåtet med fotograferandet inte någon större roll. Även den tämligen rutinerade barfotafotografen känner att vissa saker i omgivningen fångar blicken. Varför just detta motiv och inte ett annat?

Susan Sontag hävdar i "On Photography" (1973:65) att fotografiet inte utgår från det fula. Möjligen från det sköna i det till synes fula. Ingen har någonsin upptäckt fulhet genom fotografier. Men många har genom fotografier upptäckt skönhet. Med undantag för de situationer där kameran används för att dokumentera eller för att markera sociala riter är det som får människor att fotografera att hitta något vackert. (Det namn under vilket Fox Talbot patenterade fotografiet år 1841 var calotype: från kalos, vackra.) Ingen utbrister: "Det är så fult, jag måste ta ett fotografi av det!". Även om någon sa det är allt det skulle betyda: "Jag tycker den fula saken ... är vacker." Sontag anknyter till den devis av Marcel Proust som inleder den här samlingen av texter: "*Upptäcktsresan består inte i att söka nya marker utan i att se med nya ögon.*" (min övers.). När vi ser oss omkring med nya ögon, försöker se det vackra i det till synes fula är vi på väg att finna mening i det som till synes inte har någon. Det är dock fullt möjligt att det som jag betraktar som fult är just det någon annan ser som vackert. Med den digitala tekniken har vi alla möjligheter att ständigt försöka överbevisa varandra om det vackra i det till synes fula.

Att skriva in bilden i texten

Är det bra att låta bilden exkludera orden/texten eller att istället tvinga texten på ett fotografi? En bild som presenteras utan namn, rubrik eller bildtext är möjligen en annan bild än den som åtföljs av text. Jag minns hur vi på vissa tidskrifter jag arbetat med talade om att "skriva in bilden i texten", det vill säga använda en genrebild och med en bildtext få den att framstå som en del av texten. Det är osagt om det verkligen fungerade. Vi gjorde i alla fall våra tappra försök att få det att fungera.

Göran Sonesson (1989:8) pekar på en idé hos Barthes; tanken att någon bild innehåller information i sig eller alternativt att den innehåller så mycket motsägelsefull information att ett verbalt budskap behövs för att fixera dess innebörd. Det har noterats att det var på grund av att Barthes främst studerade starkt organiserade kommunikativa sammanhang, som reklam- och pressfotografier, som Barthes blev övertygad om det verbala språkets ledande roll även i förståelsen av bilder; men varken fotokonst eller vetenskapliga fotografier tycks bestämmas språkligt i jämförbar utsträckning, även om deras tolkning kräver att de verkligen sätts in i en lite mer allmän bakgrundsram, det vill säga, likställs med en utvald uppsättning för tolkningssystem definierad av den särskilda Livsvärlden; men det finns inget behov för dessa att vara språkliga till sin natur.

Bilden är modellen

Filmteoretikern André Bazin (1967:14) har sagt en del kloka saker om den fotografiska bilden. Jag vet inte hur mycket han fotograferat, han blev kritiserad för att ha en mängd synpunkter på filmproduktion utan att ha gjort film själv. Kanske är det ett grundkrav att ha deltagit i produktionen – men det tycks ändå som att Bazin i sitt sätt att konfrontera den målade bilden med den fotografiska kommer fram till en del tankar – kanske självklara, men dock intressanta. Endast en fotografisk lins, säger Bazin, kan ge oss den typ av bild av objektet som är i stånd att uppfylla det djupa behovet människan har av att ersätta behovet med något mer än bara en approximation, en slags dekal eller överföring. Den fotografiska bilden är själva objektet, objektet befrias från villkoren för tid och rum som styr det. Oavsett hur suddig, förvrängd eller missfärgad, oavsett hur bilden kan vara i avsaknad av dokumentärt värde, delar den, genom själva processen för dess tillblivelse, existensen av den modell som den är en reproduktion av; den är modellen. Därav charmen i familjealbum, menar Bazin. Dessa grå- eller sepiatonade skuggor, spökliknande och nästan otydbara, inte längre traditionella familjeporträtt utan snarare den störande närvaro liv stoppade vid en bestämd tidpunkt, befriade från sitt öde; dock inte med prestigekonst, utan i kraft av en oberörd mekanisk process: fotograferande skapar inte evigheten, som konst gör, den balsamerar tiden, räddar den helt enkelt från sin egen förgängelse.

André Bazin säger alltså att fotografiet bevarar tiden, balsamerar den, vi kan se tiden i fotografier från igår och ännu längre tillbaka. Vad detta innebär att tänka på när vi skapar ett fotografi ska vi återkomma till.

Vad betraktande av en bild och den taktila upplevelsen innebär när vi studerar en bild i en bok intresserar Jean-Luc Nancy (2008:51). Han använder begreppet korpus. En korpus är inte en diskurs och det är inte en berättelse. Så en korpus är vad vi skulle behöva här. Här finns ett löfte att detta måste innebära att kroppen ska engageras, nästan omedelbart. Ett löfte av det slag som inte är föremål för en avhandling eller något som ska citeras och reciteras eller har karaktären av en berättelse. I själva verket ett slags löfte om att hålla tyst. En tystnad som handlar mindre "om" kroppen än "från" kroppen, subtraherar den materiellt från betydelsen av dess avtrycks och gör så här, på den skrivna och lästa sidan. Kroppar vidrör varandra, på gott eller ont, på denna sida, eller mer exakt, själva sidan är gripande (min hand medan den skriver, och dina händer medan de håller boken). Denna beröring är oändligt indirekt, maskiner, fordon, fotokopior, ögon och ytterligare händer är alla inskjutna – men det fortsätter som en liten, resistent, fin konsistens, det minimala dammet av en kontakt, allt avbryts och eftersträvas. I slutändan, här och nu, berör din egen blick samma spår av tecken som min, och du mig, och jag skriver dig. Någonstans sker detta. Detta ”någonstans” saknar kvaliteten av en plötslig överföring, såsom exemplifieras av faxmaskinen. Den ursprungliga beröringen eller handhavandet fortsätter på detta sätt genom alla led i ett fotografis liv.

Vad är egentligen ett fotografiskt reportage, en bildberättelse, frågar sig Henri Cartier-Bresson (1952:4-5)? Ibland finns där en unik bild vars sammansättning besitter sådan kraft och rikedom och vars innehåll så strålar utåt från den att denna enda bild är en hel historia i sig. Men detta händer sällan. De delar som tillsammans kan slå gnistor ur ett motiv, ofta spridda – antingen i termer av utrymme eller tid – och att sammanföra dem med våld är ”iscensättning”, och känner Cartier-Bresson, ”fusk”. Men om det är möjligt att göra bilder av ”kärnan” samt motivets gnistor är detta en bildberättelse och tidningssidan återförenar de kompletterande delarna som är spridda på flera fotografier. Saker-som-de-är erbjuder ett sådant överflöd av material att en fotograf måste gardera sig mot frestelsen att försöka göra allt. Det är viktigt att klippa från livets råvara – att klippa och skära, men att skära med urskiljning. Medan han är faktiskt arbetar måste en fotograf nå en exakt medvetenhet om vad han försöker göra.

Dessa mängder av val som Cartier-Bresson beskriver är vad som med en slags automatik sker när vår blick fångas av något motiv. Först ser vi det inte, så ser vi det och så är det borta. Efteråt kan vi bara konstatera om vi eventuellt fångade det som fångade vår blick.

Susan Sontag (1973:67) menar att det tidiga fotografiet kom att ändra vår syn på verkligheten – fotografiet kom med tiden att påverka hur vi betraktar verkligheten - mer eller mindre som ett fotografi av den samma. Befriad från nödvändigheten av att ha att göra val (som målare gjorde) om vad bilderna var värda grund av den snabbhet med vilken kameran avbildade, gjorde att fotografer blev en ny typ av projekt: som att se sig själv, bedrivna med tillräcklig livlighet och målmedvetenhet, faktiskt kunde förena påståenden om sanning och behoven att finna världen vacker. När ett underbart objekt på grund av sin förmåga att registrera verkligheten troget är föraktat först för sin grundläggande noggrannhet slutade kameran genom att åstadkomma ett enormt främjande av värdet av uttryck. Fotografier återger inte bara verkligheten realistiskt. Det är verkligheten som granskas och utvärderas för sin trohet mot fotografier, menar Sontag och citerar Émile Zola: ”*Enligt min uppfattning*” förklarade Zola, den främste ideologen inom litterär realism, efter femton år av amatörfotografering, ”*kan man inte göra anspråk på att riktigt ha sett något förrän man har fotograferat det.*” Istället för att bara registrera verkligheten har fotografier blivit norm för hur saker och ting framstår för oss och ändrar därigenom själva idén om verkligheten och realismen. Visst ligger det en hel del i detta resonemang. Om jag inte tar ett foto av den tvåhövdade giraff jag påstår att jag sett är det få som kommer att tro på mitt vittnesmål.

Chantale Boulanger (1996:160-162) beskriver tre nivåer i fotografiets sätt att kommunicera. Den första handlar om styrkan i uttalandet, den verkliga depositionen. I början av 1980-talet var fotograferingens diskurs till stor del beroende av tanken på det fotografiska som en teoretisk enhet, till exempel en kunskapsteoretisk kategori som införde en rapport specifik för tecknen, det verkliga, att göra, att vara, menar Philippe Dubois (1983: 58). Den fotografiska bildens ontologi ses sedan omdefinierad av vad som visade sig vara en ny tankekategori. Fotografiet analyseras inte längre som en enda bild, utan som en sann ikonisk handling. Med andra ord upphör gapet mellan produkten (färdigt budskap) och processen (handlingen på gång) att vara relevant. Det andra sättet beskriver Chantale Boulanger som den ikoniska modellen. Kriteriet likhet bidrar till att etablera ögonblicksbilden som en annan plats, för att undersöka och ta över. Det tredje sättet Chantale Boulanger tar upp är "den fotografiska skriften". Fotografiet fjärmar sig från verkligheten för att producera en bild som är skuggan av verkligheten; inuti öppnar den en brytning som i stället placerar fotografiet i motsats till det representerade. Genom detta hål, som låter oss se leken med prestanda, upplever betraktarna en tvetydighet i hjärtat. Den ikoniska dimensionen framträder som en dubbel princip genom de verk det är ett nöje att titta på, medan vi ifrågasätter den fotografiska representation där saker endast finns i bilder som fotografiet reflekterar mot dem själva. Den intressanta bilden presenterar ett kritiskt område, samtidigt som den ger en ”*superkodning som infiltrerar impulser, passioner och drömvärld*”. Denna bild kritiserar det konstnärliga, skriver Boulanger (1996:163), i motsats till Walter Benjamins kultbild, eftersom den ger en subjektivitet som inte förminskar fotografiet till en teknik för att fånga och behålla närvaron av att ha-varit-där. Denna ikon berättar verkligen historien om en vision, som ett ämne som manipulerar fotografiska gåvor. Tecknens rörelse gör inte ensidigt bilder av världen, utan blir ofta skapade av konstnärens subjektiva ingripande.

Clive Scott (1999:17) ser två versioner av vad som händer i kontakten med fotografier. Grovt sett hävdar den första versionen att fotografiet ”händer” när det exponeras, i visuell kontakt med världen, som om det utövar fotografens förmåga att se in i sin omgivning, att förutse, att intuitivt möta uppenbarelse eller betydelse i fotografiets omgivningar. Den andra versionen innebär att exponeringen av fotografiet endast är en nödvändig brygga mellan de kreativa insatserna i det för-fotografiska och det efter-fotografiska. I den första versionen betyder personligt uttryck lyhördhet för den kringgärdande ”dynamiken”, en empati med vad som förser iakttagaren med en speciell visuell känslighet för scenens subtila nyanser och variationer. Personligt uttryck ligger alltså i att *ta* en uttrycksfull bild, inte på något införande av sig själv på scenen. Med andra ord är ”subjektivitet” inte tänkt som egoism i färd med att tillägna sig världen utan som en sällsynt förmåga, till synes passiv, men som i själva verket är en aktiv operativ relation med, eller samarbete, med livsmiljön. Föreställningen om kameran, reducerad till en ”känslig plåt”, uttrycker detta tillstånd av aktiv tillgänglighet till omgivningen. Konsten i den första versionen ligger huvudsakligen i seendet och att dra nytta av slumpen. Vi har alltså möjlighet att observera och agera på det sätt som ”tingen” ger oss en vision av att se.

En andra störningsfaktor, skriver Clive Scott (1999:18), ligger i den grad med vilken fotografen identifieras av sitt ämne (och därför specifikt reagerade, hindrad från att se), eller oidentifierad (och därför fri att se, för att fånga den spontana, men också det inträngande, bedrägliga, voyeuristiska). Ingenstans är dilemmat större än i dokumentärfotografiets starkt moraliska universum. Idealet tycks vara ”identifikation som fotograf, men total samhällsassimilering”, en mix många fotografer känner är uppnåelig, men om vilka man inte kan annat än vara skeptisk. Georges Brassai i Paris undre värld hade typiska ambitioner: ”*Men det var väldigt svårt för dem att övervinna sin misstro mot mig. Trots ägarens av [populära danssalen] godkännande, var jag i ögonen på en del av dem fortfarande en angivare. Vad jag ville var att förslaget att fotografera inte skulle komma från mig, utan från dem. Vissa tror att en persons medvetenhet om den fotografiska akten ger ett känslomässigt utbyte utmärkande för det och är värdefullt av just det skälet.*” Personerna på bilden utför således enligt detta sätt att betrakta fotografiet ett slags medagerande med fotografen, det skiljer sig en smula från traditionellt gatufoto eller sportfoto, där personen i bilden oftast inte är medveten om att bilden tas.

Jonathan Crary (1988:29) menar att framväxten av fotografi och film på artonhundratalet är en slutprodukt av en lång kedja av teknisk och/eller ideologisk utveckling i västvärlden när camera obscura utvecklas till den fotografiska kameran. Underförstått är att vid varje steg i denna utveckling har samma grundläggande antaganden om observatörens relation till världen gjorts.

Ökar möjligheten att göra ett "bra" fotografi i takt med antalet exponeringar?

Å ena sidan känns det som om slumpen skulle hjälpa oss att få åtminstone en bra bild om vi knäpper tusen exponeringar. Å den andra sidan kanske det är så att den som tar många bilder så småningom blir bättre på att fotografera. Det finns exempel på fotografer som gör få exponeringar och det finns exempel på de som slösar med exponeringarna. Båda tillvägagångssätten fungerar, det är tydligt.

Kanske ett förhållandevis stort antal exponeringar ger fler möjligheter för slumpen att komma till fotografens hjälp? Om man inte övar på de främmande språk som man studerat, som engelska, franska och tyska, blir de inte bättre. De blir tillfälligt sämre, men de repar sig ganska raskt när de används. Är det på liknande sätt med fotografiet att det fungerar som ett språk, en del av det så kallade "bildspråket" vi ibland hör talas om? Använder vi våra kunskaper kanske det är enklare att sätta samman det till något som andra kan se fördelar i. Därför använder jag analogin med talade språk. Det är genom övning vi blir bättre på allt vi håller på med. En del av den där övningen kanske är antalet exponeringar och exponeringstillfällen. Fotografiet skriver sin betydelse med ljus och det är ljuset vi försöker fånga vid exponeringen. Ljuset skapar avtryck på mediet vi fångar det på. Jämfört med det ”sparade” minnet är fotografiet mer beständigt eller oföränderligt, men jämfört med det skrivna ordet råder en ganska jämn konkurrens mellan text och bild. Text och bild är i visst motto kanske konkurrenter, men kan även betraktas som samarbetspartners.

Även om vissa fotografer envisas med att skriva bildtexter till sina fotografier sker detta antagligen för att de inte litar på sitt fotografi, eller som ett sätt att peka på en laddning som alla betraktare kanske inte själva skulle härleda ur bilden. Bildtexten låser dock betraktaren vid en tolkning och det kan vara upphovsmannens avsikt, men jag gillar mer de ”öppna” bilderna där alla betraktare får möjlighet att göra sin egen läsning av fotografiet. Man Ray (1974) var en kritiker av bildtitlar och bildtexter, han hävdade att de inte tillförde något. Bildtexten för ett fotografi är som att kalla en text för ”roman” eller ”essä”, etiketten begränsar betraktaren i färre tolkningsmöjligheter, som det innebär en större ansträngning att ta sig ur än att ”tolka” den ursprungliga bilden utan bifogad text.

Vi behöver kanske de där pekpinnarna, eller så försvåras vår läsning på grund av dem och blir mer likriktad och enahanda. Något som vi inte behöver mer av i den värld av likriktad kommersialism, där allt är varor som i första hand är ”till” för kommers och inte upplevelse.

Historier i ett fotografi är berättelser i fotografiet och inte i en bildtext eller titel. Där går även några av de bästa fotograferna bort. De har naturligtvis en berättelse i sin bild, men de litar tydligen inte tillräckligt på den för att låta den agera på egen hand utan skapar en titel för att sända berättelsen i betraktarens riktning. Frågan är om betraktaren behöver den hjälpen? Bilden ska kunna stå på egna ben utan hjälp. Är det så att upphovsmannen är tveksam om huruvida det överhuvudtaget finns något innehåll i bilden och måste förstärka den med en bildtext är det en sak som är mellan bilden och upphovsmannen.

I vissa fall kan naturligtvis en bildtext eller titel vara motiverad, men i skrivande stund har jag svårt att komma på vilka fall det skulle handla om. Ska bilden kunna agera på egen hand är rådet till bildtextförfattaren: ta bort bildtexterna/titlarna från fotografiet under en tid. Du kommer att inse att de inte behövs – bildens berättelse agerar på egen hand utan behov av stöd från text. Fotografiet blir också betydligt friare i sin utformning av berättelsens gestaltning och omfamnar världen och berättelsen på ett nytt sätt.

Oavsett hur du gör med bildtexten eller titeln är det viktigaste att du presenterar den "nakna" bilden- Fortsätt med det så kanske användningen av bildtexten som stödhjul för fotografiet försvinner med tiden.

Fotografiet är en avbild

Även om fotografier är objekt i sig, åtminstone när de förekommer i studerbart skick framför betraktaren, så existerar de i sin funktion som avbilder av något i resten av den fysiska världen. De kan möjligen säga något om den världen eller så gör de inte det. Det är dock viktigt att tänka på att fotografier är de där avbilderna. Det är oftast som sådana de presenteras inför betraktarens öga. Det här är en bild av ett ting, ett hus, en människa eller en bro. Vi fortsätter att ta bilder av något och vi kanske aldrig låter det som bilden berättar utvidga den historia som vi låter den berätta.

Dels finns en berättelse vi försöker få fram genom att komponera bilder och eventuellt lite bildbearbetning på det. Ibland tycks dock bilden leva ett liv på egen hand och ha en egen berättelse som tar över den vi försöker tillskriva den.

Då spelar det ingen roll hur mycket vi än har komponerat. Bilden har en egen berättelse. Antagligen var det den som drog oss till att försöka ta den här bilden, men vi såg inte den ”riktiga” berättelsen, utan såg någon annan version av den som fick oss att gå igång.

Men vem vet? Det kanske finns fler än denna huvudberättelse att studera. Vi har kanske bara sett början på berättelserna ännu? Antagligen finns det långt fler berättelser i bilden än vi kan föreställa oss. Så vi måste göra just detta: först skriva en berättelse i bilden på ett sätt som gör den enklare att greppa för betraktaren.

Vi kan bara fortsätta att försöka lyckas finna den där berättelsen och göra oss en bild av hur den ser ut. Förhoppningsvis blir vi med tiden bättre på att hitta de berättelser vi står inför. Detta handlar mest om dels se de berättelser som finns därute, dels skapa egna berättelser utifrån det materialet. Vi kan inte tillföra något mer än vår egen kreativitet. Det måste finnas en grund för berättelsen, annars spelar det ingen roll hur pass duktig fotograf man är. Den rena avbildningen, som allt fotografi i grunden handlar om, handlar om att få med något av teatraliteten eller surrealismen i den verklighet vi tolkar. Den finns där och det är via dess element, eller åtminstone en del av dem, som vi skapar ett dramatiskt tänkvärt fotografi.

Vi får inte glömma att fotografiet är en avbild av något och det är en avbild av en berättelse även om vi kan ha fått för oss att det är en stillbild av en berättelse och den är ett utdrag ur en berättelse ur verkligheten som vi fångat och därmed ingår som en del i verkligheten.

Om nu fotografiet är en avbild så blir en fråga: kan den vara självständig? Svaret blir både ja och nej. Fotografens berättelse uppstår först när betraktaren tar den i besittning. Då läser betraktaren in alla sina föreställningar om vad fotografiet ifråga berättar. Var och en som betraktar fotografiet kommer att se en egen berättelse som de kan återge. Eller som de tycker att fotografiet återger. Det är naturligtvis för att de är skilda personer.

De ser således skilda berättelser i det där fotografiet och det ligger inget underligt i detta. Man bör dock bli misstänksam om alla betraktare återger samma berättelse. Avbilden finns och under betraktande framträder den. Den avbild betraktaren kan se ger ett återsken av vad de ser och det betraktaren försöker ge hopp om att kunna ta till sig det ”budskap” som finns i bilden och det är ur betraktarens egna tankar de återskapar det budskapet.

Bilden kommer – bara vi tar till oss den där berättelsen i omvärlden kanske att kännas mer säker om vi ger oss in i denna jakt med den fasta förvissningen att den ska kunna gå att avbilda igen. Troligen blir det då en annan berättelse eftersom tid har förflutit sedan senaste gången vi gjorde avbilden och blir nu delvis en annan. Den kanske påminner om den första, men här finns en annan berättelse och det ska det alltid finnas. Det skulle vara mycket förvånande om vi kom tillbaka två gånger med ett fotografi som berättar samma berättelse.

Gatufoto fortsätter en tradition av flanerande

Gatufotografi, eller street photography, handlar om att fånga ögonblicksbilder – det där med gatan är inte det viktigaste, utan att det handlar om en miljö med spår av människor. Tillvägagångssätt och teknik handlar om att fånga människors liv på bild, att uppleva och fånga ögonblicken genom kameran. Gatufotografi är en spontan fotoform där fotografen under sin vandring i den (oftast) urbana miljön fångar flyende ögonblick. En av de mest kända figurerna inom kulturteorin är flanören som analyseras av Walter Benjamin, skriver Haggerty & Ericsson (2000:605). Flanören är en varelse från artonhundratalets Paris som absorberar sig i promenader genom metropolen där han är engagerad i en form av urbant detektivarbete. Osynligt dold i folkmassan följer flanören sina fantasier för att undersöka gator och arkader för att mejsla fram innebörden ur det urbana landskapet. I denna formulering ser vi släktskapet mellan gatufotografen och flanören.

Fotografiet som den fjärde väggen

Av och till tar jag gatufotografier som förefaller vara tagna på en teaterscen. Då fungerar fotografiets yta som vad som inom teatervärlden kallas för den "fjärde väggen", det vill säga den tänkta väggen på teaterscenen som vätter åt publiken. Inom filmvärlden fungerar kameran som den fjärde väggen. Kameran befinner sig där den tänkte betraktaren (och fotografen) rör sig i en scen ur en pjäs som utspelas framför kamerans objektiv. Den största skillnaden mot teater är naturligtvis att fotografen är rörlig och betraktaren kan vara det. Detta är dock de premisser som den scenuppsättning kallad ”fotografiet” har. Vad vi ser genom den fjärde väggen är det ställe där fotografiets berättelser utspelas. När vi försöker komma åt de djupare delarna av bildernas berättelser försöker vi tränga igenom den fjärde väggen och nå in i fotografiets essens.

Vissa dagar när jag fotograferar på stan känns det som om jag betraktar världen genom ett fyrkantigt rör. Så ser jag något som liknar en berättelse och knäpper av. Ibland blir det en bild jag är hyggligt nöjd med och för det mesta undrar jag varför jag brydde mig om att ta en bild – eftersom jag i efterhand inte riktigt begriper varför min uppmärksamhet fångades till att börja med.

Det gäller även alla scener vi passerar som innehåller människor, eller som jag föredrar att kalla dem figuranter, eftersom de inte spelar utan framlever sina liv, oberoende av om jag riktar kameran mot dem, eller inte. Speciellt inom gatufoto är alla figuranter en del av min upplevelse. I alla de där scenerna finns ett slags skådespeleri, som egentligen handlar om att figuranter fortsätter sina liv som vanligt medan jag fotograferar dem. Fotografierna förmedlar berättelser ur de andras liv, men eftersom det är jag som ”gjort” fotografierna är de också en del av berättelsen om mitt liv. Dessa berättelser sammanfaller och blir till den föreställning som pågår omkring mig, utan avbrott. Kanske blir jag på detta sätt en del av föreställningen eller inte, det beror på slumpen.

Fotografen, jag, kan betrakta sig som en nod i ett nätverk av händelser, scener eller kanske vi kallar dem berättelser. Nätverket når via figurant och fotograf ända in på vernissagen av fotografierna på ett galleri. De betraktare som dyker upp där möter en symbiotisk berättelse. Här finns delar från motivet (figuranter), fotograf och betraktaren själv som resulterar i de berättelser som just denna betraktare tycker sig möta via de utställda fotografierna.

På galleriet finns ofta andra betraktare och deras eventuella kommentarer kan också upplevas som en del av berättelsen vår betraktare anser att han fått av de beskådade fotografierna. Det är ett inte helt okomplicerat skeende och det finns även delar i detta skeende som motsäger varandra.

Det handlar om ett komplicerat skeende på galleriet där vi kan möta fotografiet som en pjäs i pjäsen där det hänger på väggen. En föreställning som berättar om galleriet, en annan om den föreställning som pågick när fotografiet togs, ytterligare en föreställning är de upplevelser som betraktaren får av fotografiet plus galleriet vid betraktande. Där finns många berättelser som väntar på att nystas upp och ingen av dem har något särskilt övertag, utan de rusar in i betraktarens medvetande när de är tillräckligt starka – tillsammans, eller var för sig. Det rör sig om en "upplevelse" bland andra. Upplevelsen fungerar som ringar på vattnet, även om de bär på enskilda berättelser blir de mer sammanvävda än så. De skapar på sätt och vis varandra. Börjar betraktaren med att värja sig, så börjar snart resten av vad vi kan kalla huvudberättelsen om betraktarens liv och skapar en slags känsla av ökad mening. Berättelsen om världen fortsätter i sinnet på betraktaren när berättelsen lyckats tränga igenom den fjärde väggen.

Henri Cartier-Bresson (1952:18) skrev i ”The Decisive Moment”: ”För mig är fotografi ett samtidigt erkännande, på bråkdelen av en sekund, av betydelsen av en händelse, men även en exakt organisation av de former som ger händelsen dess rätta uttryck.” Detta kan sägas om nästan allt fotografi, men det handlar om att ta fasta på att ta intressanta och spännande, men även vackra bilder av de flyende ögonblick som tillsammans skapar den urbana gatumiljön. Gatufotografen speglar på detta sätt vardagslivet. Cartier-Bressons bok ”Images à la sauvette” översattes till engelska av förlaget och kallades ”The Decisive Moment” som inte riktigt kan sägas fånga innebörden i frasen ”Images à la sauvette” som ligger närmare ”Bilder tagna i flykten” eller ”Smygtagna bilder”. Den franska frasen pekar på Cartier-Bresson förkärlek för dold, eller spontan, fotografering i motsats till vad den engelska översättningen indikerar. Att peka på det ”avgörande ögonblicket” som speciellt för gatufotografering är inte så produktivt, men att peka på att det handlar om bilder tagna i flykten indikerar en del av gatufotograferingens väsen. Det avgörande ögonblicket omfattar all fotografering, regisserad eller inte. Det känns mest som en plattityd, vem vill publicera bilden som missat det ”avgörande ögonblicket”? Cartier-Bresson pekade med termen ”images à la sauvette” på det ögonblickliga och oregisserat uppdykande i gatufoto. Idag finns många sorters gatufoto – allt från det som följer tanken att fånga bilder i flykten till informerade iguranter som är ombedda att posera för en bild. Det senare gränsar mer till dokumentärt fotografi. Gatufotografi handlar i mångt och mycket om det ”lilla skeendet” – en blick, en gest, en min, en hand som nuddar en annan eller ljusets spel över en regnvåt trottoar. Det avgörande är att gatufotografi försöker registrera vad ögat, och kameran, ser av människans aktiviteter i den urbana miljön. Arkitekturen utgör en fond för allt detta, men enligt min mening måste det förekomma människor eller tillfälliga spår av människor i fotografiet. Arkitekturen utgör i sin beständighet ett alltför permanent spår av människan för att fungera på egen hand. Det kan handla om kvarglömda klädesplagg eller ägodelar, men främst människor i bild.

Ett gatufotografi behöver inte vara taget på en främmande människa rakt framifrån, på nära håll med blixt, något som till exempel den amerikanske gatufotografen Bruce Gilden sysslar med. Gatufotografi kan även vara ryggbilder av människor. Nu ska till Bruce Gildens försvar sägas att han även tar ”snällare” gatufotografier av hundar och liknande.

Ögats aktivitet skapar förutsättning för foto

Walter Benjamin (1983:38) menade att relationer i stora städer kännetecknas av en markant övervikt av ögats aktivitet jämfört med örats aktivitet. Hans förklaring till varför det är så handlar om den urbana utvecklingen av infrastrukturer i form av transportmedel. Innan utvecklingen av bussar, järnvägar och spårvagnar på artonhundratalet hade folk aldrig varit tvungna att titta på varandra i många minuter eller ens timmar utan att prata med varandra. Nu tillbringade de kanske en timme varje dag med att stirra på sina medresenärer när de tog sig till sina arbetsplatser. De nyinflyttade såg, enligt Benjamin, människor de aldrig träffat tidigare passera förbi på gatorna, den industriella revolutionens arbetare kom i allmänhet från landsbygden där de känt igen alla de träffade, kanske till och med visste deras namn och var de bodde. I staden var allt annorlunda och även om larmet måste ha varit märkbart för de nyanlända kanske Walter Benjamin har rätt till en del i att de visuella intrycken övervägde.

På så sätt är dent urbana landskapet en visuell miljö som innehåller många människor, som genom sin närvaro spär på med ytterligare visuella detaljer.

Att flanera bland människorna på gatan, att som betraktare glida runt i myllret på trottoarerna, de breda gator och avenyer som skapats efter Baron Georges-Eugène Haussmanns ombyggnad av Paris 1853-70, var något som bland andra poeten Charles Baudelaire tog till sitt hjärta – att vara flanör blev också en av drivkrafterna för hans poesi. Runt omkring flanören skapades historia, den moderna världen växte fram, med industrialism och omdaning av samhället i stort. Poeten Baudelaire kunde studera den inverkan omvälvningarna hade på den enskilda människan och tolka vad han såg i ord.

Poeten Charles Baudelaire gjorde för första gången staden Paris till huvudpersonen i lyrik, skriver Walter Benjamin (2008:104): *"Denna poesi är ingen hymn till hemlandet; snarare en allegorikers blick, eftersom den faller på staden, är den alienerade mannens blick. Det är flanörens blick, vars livsstil fortfarande döljer sig bakom en förmildrande gloria från den kommande ödeläggelsen av storstadsbon. Flanören står fortfarande på tröskeln till metropolen, liksom till medelklassen. Ingen av dem har ännu honom i sin makt. I inget läger hör han hemma. Han söker sin tillflykt i folkmängden."*

Detta läge, på tröskeln till metropolen eller medelklassen, fungerade för flanören-poeten som det ingenmansland där han mer eller mindre ostört kunde studera det folkliv som utspelade sig framför hans ögon. Här är människor på väg till möten, arbetsplatser, går ärenden, ska möta älskare eller är på väg att råna någon. Det urbana rummet fungerar i stort sett som en teaterscen. Samtidigt som de deltar i den teaterpjäs som utspelas omkring den är medborgarna en del av publiken till denna föreställning. Även delar av det rurala rummet, utanför en livsmedelsbutik eller annat ställe där människor samlas, blir också en möjlig plats att gatufotografera på. Detta trots all frånvaro av gator och urbanitet.

Gatufotograferna fortsätter denna tradition av betraktande med den skillnaden att de fångar glimtar av vad som sker på sin film, eller i modernare tid, på sina minneskort. Jag märker dock själv att det inte är lätt att frigöra sig från alla de bilder jag sett. Det är lätt hänt att de fotografier de enskilda fotograferna tar förekommer i tusentals versioner.

Pierre Bourdieu (1990:75) skriver i ”Photography: a middle-brow art” att den genomsnittlige fotografen tar världen som han ser den, det vill säga enligt den logik som tillhör en syn på världen, med kategorier och en kanon, som tillhör det förflutnas konst. Bilder som, med hjälp av tekniska möjligheter, bryter av aldrig så lite från den torra akademiska visionen av vanligt fotografi tas emot med förvåning. Så, de bilder som tas i den gatufotografiska traditionen, kanske blir mer traditionella än den tekniska utvecklingen skulle kunna möjliggöra. Det är naturligtvis lätt att förklara med att vi alla är barn av den värld vi växt upp och levt i, vi formas enligt rådande mönster och inser att det så småningom blivit svårt att bryta mot de invanda mönstren.

Fotografen Henri Cartier-Bresson skriver om sina erfarenheter av många års fotograferande på gatan när han konstaterar: *”För mig är fotografi ett samtidigt erkännande, på en bråkdel av en sekund, av betydelsen av en händelse, samt en exakt organisation av de former som ger händelsen dess rätta uttryck. Jag tror att det är genom livsakten som upptäckten av det egna jaget görs löpande med upptäckten av världen omkring oss som kan forma oss, men som också kan påverkas av oss. En balans måste upprättas mellan dessa två världar – en inom oss och en utanför oss. Som ett resultat av en konstant ömsesidig process, kommer* *dessa världar kommer att bilda en enda. Och det är denna värld som vi måste kommunicera."* (1952:18)

Cartier-Bresson tycks tala om ett flyktigt ögonblick där en händelses inneboende betydelse manifesterar sig, vilket innebär att fotografen måste använda sin kamera för att fånga det där svårfångade. Till en del kanske inte alla betraktare kan enas om betydelsen.

Den brittiske fotografen och lingvisten Clive Scott (1999:19) berättar att han under lång tid tog sina fotografier i smyg; det vill säga, tog dem utan att de som han fotograferade visste om vem han fotograferade. Det är egentligen bara det näst bästa, säger Clive Scott och menar att hur skrämmande det än kan verka, är det alltid att föredra att konfrontera den person man fotograferar. För det är en bra sak för själva knäppandet av bilden att den återspeglas på ett eller annat sätt i ansiktet eller attityden hos motivet: som överraskning, ilska, rädsla, nöjen eller smickrad fåfänga, pajaseri eller obscena eller provocerande gester.

Den franske jesuiten Michel de Certeau (1984:93-94) intresserar sig för perspektiv, han besöker World Trade Center och ser ner på staden och tycker att han lär sig andra saker om staden med detta perspektiv. Han ser de vanliga utövarna av perspektiv i staden leva "där nere", under de tröskelvärden vid vilka synligheten börjar. De går – en elementär form av denna erfarenhet av staden; de är vandrare, Wandersmänner, vars kroppar följer denna urbana "texts" vindlingar, som de skriver utan att kunna läsa den. Vi ska minnas att texten även står för vad vi i vardagslag kallar bild. Vad de Certeau var ute för att visa är att betraktarens perspektiv, både det fysiska och det psykiska, är mycket viktigt vid betraktande.

Dessa perspektiv är betydelsefulla när man som Clive Scott (1999:126) menar att ett första argument för företräde i en stum relation med fotografiet är enkelt, men kanske inte tillräckligt betonat: fotografier är inte bara ögonblick ryckta ur tiden, de är stunder av kontakt med verkligheten, även om verkligheten är förbi och kan vara geografiskt avlägsen.

Här ser Scott flyktigheten i fotografiet, det slags minne som en fotografisk bild kan vara och återskapa i sinnet hos betraktaren.

Det handlar alltså inte enbart om fragmentariska stycken ur vårt förflutna, utan mer om en slags lätta återblickar som skapar en kontakt med det förflutna.

Clive Scott ser att på något sätt, över tid och rum, är en visuell dialog möjlig; på något sätt är denna figur, med denna look, inte diskvalificerad av sitt förflutna, inte förvandlad till ett mänskligt preparat eller historiskt dokument.

Det är själva känslan av det förgångna i bilden som skapar magin i kontakten. Vi reser tillbaka genom bilden, till tiden när den togs. Denna resa, framställd av titeln gör ord otillräckliga, eftersom de kan ge liten rättvisa åt bilden, de kan inte göra rättvisa åt det magiska, eftersom det är magin som gör ord otillräckliga för hennes knutna fingrar på tröskeln, drar dörren stängd, till vecken i hennes päls, till tydligheten i hennes bild i jämförelse med de ansikten som ses genom det immiga glaset i en annan värld utom räckhåll – men en värld som hon är på väg att bli en del av – till ljuset som fångar luckans gångjärn och så vidare.

Språket drivs enligt Clive Scott (1999:126) bort. Vår förvånade upptäckt av dessa saker, vår önskan att titta på dem igen, för att visuellt känna på dem utan medling, driver bort språket. Det är språkets ingripande som skulle tilldela bilden en annan tid och en annan plats, befria oss från hägringar, avbryta den visuella dialogen, förvandla kvinnan (på bilden) till en social identitet. Ögat, överlämnat till sina egna enheter, låter sin nyfikenhet bli en fascination, som förklaring och tolkning skulle sätta stopp för. Titlar är avgörande i detta; de kan antingen viska diskret och tillbakadraget, skapa magi eller vråla oavbrutet så att magin aldrig kan etablera sig. Men här skapar indexikaliteten en bekräftelse av ett avstånd i tid och rum, vilket titeln bekräftar med sina noggranna anteckningar, 05:30, 1978 och Medborgarplatsen, samtidigt som den vederlägger titeln genom att investera vad som blivit ironiskt med en akut närvaro. Det andra argumentet för en stum relation är nära förbunden med det första och har att göra med själva kvaliteten på bilden, där Clive Scott med kvalitet menar det som kvaliteten på utskriften bara kan förstärka, skärpa och selektivitet av fokus, känslighet och uttrycksfullhet i tonövergångar och tystnaden eller det ”coola” att dessa saker kan kommunicera. Det stumma skulle då stå i proportion till i vilken grad fotografiet insåg sin egen ”photographicity” där vi, genom den ”fotografiska”, menar en ny okulär fysiologi, en omkonfigurering av de perceptuella möjligheterna i ögat.

Clive Scott menar att fotografi bedriver sina egna typer av visuell ”exakthet” med fokus på skärpa, i svartvitt fotografi förmågan att sprida ljus över motivet med sådan omsorg, som sparar de mest subtila graderingar av tonen, att avgränsa föremål och olika områden av motivet, med sådan tydlighet att dessa saker existerar med en kuslig livlighet, de förefaller att ha mycket starka skäl för att vara där. Dessa fotograficitetens kvaliteter kan hänvisas till med språket men inte innehålla det, eftersom språket är inriktad på mänsklig perception. Precis som avantgardemusik kan försöka föryngra örat med ljud genom särprägel – hur beskrivbar är särprägel? – hellre än tvärtom, så försöker fotografering uppdatera visionen och uppmanar bilden att projicera perception, snarare än tvärtom. Fotografisk blick, kanske åter under påverkan av målning, tämjdes innan den förstods helt, behandlades som inte mer än en förlängning av camera obscura (ser inte bilder, utan fastställer dem); språket har endast fortsatt detta tillstånd. Att argumentera för fotografiets stumhet är, om inte annat, nödvändigt som en polemisk gest för mediets räkning mot den icke-recuperability av ”oskyldiga” bilder, mot en social institutionalisering (av funktion, genre etc.) som semiologiserar fotografiet innan det har haft en chans att hävda sin fotograficitet, inte som kod, utan som sensorisk upplevelse.

Clive Scotts (2007:126-128) tredje argument hänför sig, lämpligt nog, till Barthes tätt sammanflätade argument om en tredje betydelse, den trubbiga betydelsen och punctum. Dessa villkor refererar till bildelement genom vilka betraktaren oförklarligt genomborras, såras, påverkas och vars värde eller kraft förefaller vara direkt proportionell till språkets oförmåga att förutse eller översätta dem. En aspekt av den tredje betydelsen rör vårt andra skäl ovan: det är en manifestation av innersta väsen hos mediet i fråga, det filmiska i filmen, det fotografiska i fotografiet, som, i fallet med det senare, Barthes ytterligare definierar som "att-ha-varit". Men den tredje betydelsen är också en "signifier", därav svårigheten att kalla det för "min läsning", menar Barthes. Så den tredje, trubbiga betydelsen är punctum, kompletterande, förmodligen störande, öppnar upp bilden till ett subversivt blint fält. Trots att avtryckaren i den tredje betydelsen finns i bilden, hör den mer till betraktaren, sargad av sig själv, än i bilden själv. Vad kan för mig, vara förvaringen av glömda minnen, fantasier, namn eller psykofysiologiska associationer? Punctum är det sätt på vilket, ironiskt nog, Barthes är kapabel att rädda det intuitiva från semiologins strupgrepp.

Henri Cartier-Bresson berättar: *"Ibland har man känslan av att man redan har tagit den starkast möjliga bilden av en viss situation eller scen; ändå upplever du hur du tvångsmässigt knäpper, eftersom du inte kan vara säker på förhand exakt hur situationen, scenen, kommer att utvecklas. Du måste stanna i scenen i fall delarna i situationen skjuter ut från kärnan igen. Samtidigt: undvik också att skjuta som en kulspruteskytt och belasta dig med värdelösa dokument som ökar röran i ditt minne och förstör exaktheten i reportaget som helhet."* (1952:5)

Detta är en fin beskrivning som Henri Cartier-Bresson gör av att vara på språng som gatufotograf – att försöka fånga de flyende skeenden av relationer, yttringar och händelser som utspelar sig på gatan. Detta – att befinna sig i gatuskådespelets fjärde vägg – nästan i skådespelet, men aningen utanför spelplatsen är avgörande för att kunna ta bilder av vardagens flyende ögonblick. Idag finns dock gatufotografer som videfilmar och sedan gör skärmdumpar av bitar ur filmen för att kunna hitta en bra bild i sitt material.

Den amerikanske antropologen Edward T. Hall (1990:134) skildrar en insikt om behov av distans där tyskar tycks skilja sig från amerikaner. Under sin forskning instruerade Hall studenter att fotografera både en man och en kvinna i olika sammanhang på offentlig plats. En av hans assistenter, som råkade vara tysk, fotograferade sina motiv ur fokus på långt avstånd eftersom: ”Man förväntas inte att titta på andra människor på offentliga platser eftersom det inkräktar.” Detta, menar Hall, kan förklara den grundläggande tanken bakom de tyska lagarna mot att fotografera främlingar offentligt utan deras tillåtelse.

Vi vet att lagstiftningen i några länder, bland annat Tyskland och Frankrike skiljer sig från den öppna lagstiftning vi har i Sverige – där i princip allt jag kan se från allmän plats får fotograferas – även människorna som finns där. Undantaget är vissa skyddsobjekt.

Fotograferande som jakt

Visst har de flesta som jagat gatufotgrafiska bilder någon gång tänkt att fotograferande i den urbana miljön har stora likheter med vad vi tror att jakt på vilt i skogen innebär. Andrea Maria Dusl (2014:245-247) konstaterar att jakt tillsammans med samlande tillhör mänsklighetens äldsta kulturtekniker. I sin ursprungliga betydelse förstås med jakt ett planerat sökande, infångande och dödande av djur, säger Andrea Maria Dusl. Jakt som en grundläggande mänsklig erfarenhet sträcker sig långt utanför dess funktion som förvärvskälla till mat och material. Dessutom kan den anta materiell och sexuell karaktär. Folk jagar varandra i spel, jagar efter den flyende fienden, jagar föremål av sexuell lust och även immateriellt som informations- eller kunskapsjakt. Utan empati med den jagade, utan förutseende, utan insikt i sitt beteende, går det inte att utöva en lyckad jakt. Historien om domesticering av vilda djur skulle vara otänkbar utan denna förmåga hos människor. På det fält som dessa krafter omspänner är det möjligt med något sådant som jagande fotografering. Människan kan, i samband med spel, jaga en annan utan att döda den. Detta innebär oftast att både jägare och byte uppnår en spelvinst, menar Andrea Maria Dusl.

Kanske är det denna lekfulla komponent, skriver Dusl, som är lika mycket värd för den fotograferande och den fotograferade. Jakten på motivet är fysiskt ofarligt men inte nödvändigtvis aggressionslöst mot de, som medmänniskor erkända motiven. Bytet är inte heller jaktobjektet, utan dess bild, avbilden är jaktobjektet. Den välbekanta bilden av jakt som dödligt slutande sysselsättning döljer det faktum att detta inte är den mest fotograferade personen (eller personerna) som jagas, utan den fotograferade bilden av dem – mer exakt: Jakt är det ögonblick där bilden av personen får kvarhållas och följaktligen också registreras.

Till skillnad från i jakten på djur fullföljs efter bilden inte avlivandet eller det dödliga sårandet av objektet, effekten är inte en "skjutning", den går att upprepa – och den är bilden. Den skjutna bilden behöver inte nödvändigtvis representera slutpunkten för jakten. Det skjutna objektet kan alltid bli skjutet igen utan att förlora sin vitalitet och individualitet. Kommunikationen med motivpersonen kan vara fri aggression, kärleksfullt – och ändå i linje med jakten på en bild av denne. Det traditionella "ljusmålandet" uppfattas som passivt, fotografen observationsroll bör förändras med hjälp av kameror med blixt. Rörligheten hos fotograferna nu lika som för jägaren. Det plötsliga och bullriga utlösandet av en kamerablixt påminner om ljudet så ett skjutvapen avfyras. Fotografens vokabulär har utökats med begreppen "skottlossning" eller "skytte".

Susan Sontag (1973:10) utforskar i sin polemiska uppsats "I Platons grotta" de mörka aspekterna av jagande fotografering (eller: fotograferande jakt) och uppmärksammar jämförelsen med kameran och "rånarvapen" i vardagsfotografering. "Bara dra, sikta, skjut", citerar hon en annons för kameran Yashica Electro-35 GT. Tillverkaren försäkrade sina kunder att fotografering är lika enkelt som att avfyra ett skjutvapen.

Eftersom kameran är en sublimering av vapnet, konstaterar Andrea Maria Dusl (2014:246-247), är att fotografera någon ett sublimerat mord. Viktiga aspekter av jakten (och därmed även av jaktfotografering) är att den planeras och praktiseras. Efterlevnaden av tekniska regler och hantverksregler, men särskilt den exakta kunskapen (eventuellt även noggrann läsning) av "byte" och terräng i väder och ljus. Planeringen av jakten, "skjutningen" har inte bara strategiska komponenter, men sätter också en tidsram. Vi kan alla känna när vi "fick" bilden vi var ute efter, men också när vi missade den. Det snabbt passerande ögonblicket när skådespelet på gatan ägde rum kan snabbt förvändas i något helt annat – och det som var spännande finns inte mer.

Även Henri Cartier-Bresson kan sägas ha ett jaktmotiv när han beskriver sitt sätt att arbeta. Cartier-Bressons bok "Images à la sauvette" översattes till engelska av förlaget och kallades "The Decisive Moment" (1952) som inte riktigt kan sägas fånga innebörden i frasen "Images à la sauvette" som ligger närmare "Bilder tagna i flykten" eller "Smygtagna bilder". Den franska frasen pekar på Cartier-Bresson preferens för dold fotografering i motsats till vad den engelska översättningen indikerar. Cartier-Bresson vill med termen "images à la sauvette" peka på det ögonblickliga i gatufoto. Idag finns många sorters gatufoto – allt från det som följer tanken att fånga bilder i flykten till regisserade motiv som är ombedda att posera för en bild.

Platsen i fotografiet

Spelar det överhuvudtaget någon roll var ett fotografi

är taget? Jag menar att det gör det i ett speciellt fall och det är om det handlar om dokumentärt fotografi i den meningen som gäller vid till exempel polisiärt utredningsarbete. Då finns anledning att notera vid vilken exakt plats ett fotografi är taget. I övrigt kan man tänka sig att det är som med bildtexten, det är inte något som tillför något för betraktaren.

Det är mer givande för betraktarens intellekt att på en medveten nivå undra: är det Paris eller är detta fotografi taget i Svedala? När vi slår fast (i en titel eller bildtext) att fotografiet är taget i Södertälje har vi tagit tolkningsföreträdet ifrån betraktaren och försöker tvinga in henne i något vi som upphovsmän har tänkt ut. Att visa ett fotografi på människor i rusningstid i en citykärna och ge det titeln: ”Grottekvarnen, Amsterdam” sätter inte betraktarens tankar i sving. Vi har redan fixerat tänkandet i ett speciellt fack där vi anser att det bör hålla sig. För betraktaren är det mycket mer utvecklande att skapa sina egna upplevelser och tolka in sina egna berättelser i bilden.

Vi späder på den svårigheten genom att kreera titlar som ”Ångest XIV, Paris” för våra fotografier vilket gör att vi aldrig kommer att fånga en helt oförberedd betraktares intresse. ”Paris, okej, men jag gillar inte Paris”. På så sätt finns stor risk att betraktarens intresse fjärmas från upplevelsen av berättelsen i den bilden. Antagligen vill vi alla ha ”krokar” att hänga upp våra tankar och tolkningar på, men vi ska inte ge betraktaren alltför många pekpinnar, det blir hon inte hjälp av. Vi ska aldrig styra hur betraktaren ska se våra fotografier. Vi kan bara med den bild vi visar försöka fånga in betraktarens intresse. Har vi och betraktaren gemensamma referenser till geografiska platser så kommer platsen i vårt fotografi att finnas i betraktarens tolkning.

Annars kommer inte de geografiska referenserna att framgå eller så skapar betraktaren en egen referens som fungerar med fotografiet och det som berättas i den. Vare sig betraktaren känner igen platsen eller inte så är den visserligen en del av berättelsen, men det är ändå inte hela berättelsen. Det blir lätt så om vi anger den geografiska platsen. Genom att inte ange den undviker vi att stänga ute vissa betraktare och inkludera andra.

Nu kan vi naturligtvis hävda att vi inte inkluderar den som älskar Paris, visst, men om du betraktar en bild för att det uppges att den är tagen i Paris är det kanske inte bildberättelsen i första hand som du är intresserad av. Du vill se vykort från Paris och sådana finns det ett överflöd av. Vi behöver inte skapa så många fler fotografier av samma sak. Det finns alldeles tillräckligt många som det är.

Detta tydliggör att fotografiet har en plats i sig, men vi behöver inte skriftligt redovisa vilken vi tror att det är. Om vi överlåter detta till betraktaren mår alla så mycket bättre. Då räknar jag in fotograf, betraktare och fotografiets berättelse. När vi blandar text och bild uppstår något annat än ett fotografi och dess ”fångade” berättelse, som i sin berättelses skönhet kan förändra liv. Då vill du inte besudla fotografiet med titlar, beskrivningar eller etniska specifikationer om hur fotografiet kom till. Bländarvärde-livet har sin tid, men det vill du inte ha som bildtext till din bild.

Dessa kommentarer om ett fotografis tillblivelse har sin givna plats. När du sammanställer en bok med några av dina bilder kan du i en separat text berätta hur du arbetat, hur du tagit fotografierna och så vidare. Spara den informationen tills dess!

Så fort du bara kan ska du sluta att beskriva fotografier i text; att försöka driva din bildteori i bildtexter eller hitta på "snillrika" titlar som "Inferno IX". Det är inte dessa detaljer som driver fram fotografiets berättelse. Bildens berättelse driver sig själv hos varje tillkommande betraktare.Utan berättelsen i fotografiet är din bild död, så varför försöker du ge den konstgjorda andningen med bildtexter och titlar?

Berättande surrealism

Är det den surrealistiska komponenren fångad i stunden som ger mening åt ett gatufoto? Henri Cartier-Bresson, som enligt många är pappa till det moderna gatufotografiet, var enligt Jackie Higgins (2013:44) influerad av surrealistiska konstnärer och det bidrar till en möjlig förklaring av en del av hans foton. De handlar ofta om att fånga ögonblick i flykten och därmed bevara något som betraktaren sedan kan förundras över. Kanske kan rent dokumentärt fotografi fylla en funktion, men den lilla detaljen som gör bilden till en Bild kräver något helt annat. Här finns en detalj som fångar betraktaren – Roland Barthes "Punctum" (1993) om man så vill.

Higgins (2013:73) pekar också på att det oväntade, som när en person flyttar sin arm på ett oväntat sätt vid exponeringen kan bidra till att göra ett fotografi mer spännande. Det kanske inte blir ett porträttlikt eller det fotografi som upphovsmannen hade för avsikt att ta, men en sådan bild pekar på det surrealistiska som lurar i vardagslivets vass. Där döljer sig många avgrundshål av svindel där vardagen förvandlas till dramatik, kanske till och med utan att de som figurerar på fotografiet vet om att de är med och skapar detta bara genom att fortsätta sina liv som vanligt. Vardagens teatralitet, det "som fångats i flykten" för att prata med Cartier-Bresson, kanske handlar om tur, om slumpen, men det viktigaste är att upphovsmannen befann sig på denna plats vid denna tid och att de fotograferade människorna kom dit. Fotografen tog bilden just i detta ögonblick, som kanske aldrig återkommer.

Det "rätta ljuset" och den enkla torftigheten gör att fotografier tagna i svenska municipalsamhällen ser ut att vara exponerade i franska småstäder strax efter andra världskriget.

Det förutsätter nästan att de görs ut som svartvita bilder, men det är ändå fascinerande att gränserna inte ligger så långt borta, varken till det förgångna, till det geografiska eller till det teatrala. Med "rätt" hus från det förra sekelskiftet i fonden är det endast fråga om sekunder tills tidsresan startar.

Om bilderna emanerar ur en verklighet kan vi aldrig låta förstå att vi har upplevt den på något annat sätt. Om det vi gör är en del av något mycket större än vad vi föreställer oss, innebär detta att det här fotografiet kvalificerar sig för de arkiv där de främsta förvarar sina fotografier, eller blir det enbart en produkt av en epigon? En imitatör?

De tankar vi får genom att betrakta ett foto handlar antagligen mycket om att vi ser saker vi kan ”känna igen”, det vill säga vi ser mönster eftersom människan är duktig på det. Om det inte finns några sådana regelbundenheten är vi ute på hals is och avvaktar tills någon annan fäller ett omdöme. Bättre det, än att hamna i ett läge där vi tycks vara på väg att ha fel.

Så, kan inga fotografier som inte liknar andra vara ”bra”? Åtminstone för någon? Trots att de liknar något annat, ett barndomsminne, en dröm eller en dagdröm. Vi sysslar ofta med att repetera det allra mest elementära i våra liv och det är dessa repetitioner som ger oss de där kaxiga övertygelserna om att det här är ”bra” – det där är ”dåligt”.

De ”ovanliga” kombinationerna av detaljer i bilden gör dem ibland surrealistiska, ibland inte. Det finns dock en möjlighet att de vinner på detta. Att enbart fotografera något som ”avviker” från normen är inte det enda som avgör om ett fotografi får en surrealistisk ton. Att fotografera slitna alkoholister som ruggar på en parkbänk ger ingen fotografi med berättelse i sig, det handlar mest om dokumentation. Vi vill gärna se sprickor, skiftningar i tidsbegreppet, något som ger rysningar i våra sinnen. Var finns det missanpassade i det välordnade?

Ett fotografi av en sliten narkoman vid sidan av en prudentlig herre i strikt trenchcoat kanske skapar de spänningar som behövs för att skapa en berättelse i fotografiet. För att öka tydligheten av berättelsen behövs även blickar och gester från de som figurerar i fotografiet. Att enbart dokumentera räcker inte särskilt långt, då liknar bilden alldeles för mycket liknande fotografier som tagits av andra och det räcker inte när vi visar fotografiet för människor utanför den närmaste vänkretsen. Det handlar mycket om att du fick möjlighet att komma åt det läge som krävdes för att du skulle kunna ta bilden som blir viktig. Här avgörs om fotografiet blir ”bra”. Du måste låta ditt fotografi berätta de där historierna som betraktaren ännu inte har fått sig till livs.

Utan berättelse är exponeringen av bilden en exponerad ruta bland andra och är bara intressant för de närmast sörjande. Alla vi andra går vidare till nästa bild.

Vem bestämmer över fotografiet?

En av de mer känsliga frågorna för alla uttryckssätt är vem som bestämmer, vem som har tolkningsföreträde när vi vill ha omdömen om huruvida ett fotografi är ”bra” eller inte.

Jag kan anse att ett foto jag tagit är bra, men om ingen annan tycker det uppstår ett problem. Är jag som Vincent van Gogh som enbart sålde tavlor till sin bror och betraktades som en mästare först efter sin död, eller är jag bara en dilettant i största allmänhet? Är det den person som inte finner något innehåll, någon teknisk skicklighet eller hygglig komposition som ska bedöma mina verk? Eller ska det vara den person som gillar alla bilder den ser bara för att de är fotografier? Det svårhanterliga svaret är naturligtvis att ingen av dem ska värdera mina bilder. De kan tycka vad de vill om fotografierna, men det du som avgör vilka av de där bilderna du visar för andra.

Även om du är osäker så lita aldrig på någon annan vad gäller kunskap eller smak. Du måste själv avgöra om du kan lyssna på alla spelevinkar som erbjuder sina synpunkter, men det är inte de ska avgöra om de bilder du presenterar är ”bra eller dåliga”. Jämfört med vad? Jämfört med vilka andra fotografier? Vem gör jämförelsen? Minns att det hela tiden är du som bestämmer.

Det finns alldeles för många inflytelserika småpåvar i de flesta branscher och det är absolut inte säkert att de har ordentlig kläm på vad som är ”bra eller dåligt”.

Vad som ofta används är formeln på den dagordning som för stunden råder bland inflytelserika tyckare inom den fotografiska nischen.

Denna formel, eller vad vi ska kalla den, är inte en rikslikare för något alls. Det handlar mer om att dessa individer fått så många att lyssna på dem att det efter ett antal år förefaller som om de begriper vad de talar om. Lita dock inte på dem! Hur ska man gå till väga för att veta om de fotografier man tar håller en hygglig klass? Det finns naturligtvis aktiviteter som delvis hjälper till att lösa denna fråga.

Det finns dock inga genvägar, brukar det sägas om framgång, vad det än gäller. Det finns således all anledning att tro att det gäller fotografering också. Mitt bästa råd som min insikt handlar om är att lära sig så mycket som möjligt. Skaffa dig likasinnade att umgås med – människor som är mer eller mindre besatta av att fotografera. Visa dina fotografier för dem, titta på deras fotografier och lyssna till vad de säger om sina och dina bilder.

Ni kan gemensamt diskutera vad fotografierna berättar och du lär dig, samtidigt som du lär dina kamrater. Du kommer att känna att de flesta av dem inte har så bra koll vad gäller teori och teknik, men ofta är dessa fotografer lite av ”naturbarn” – de kan mycket väl åstadkomma ”laddade” fotografier, fast de egentligen inte riktigt har klart för sig hur de har gått till väga. Skärpedjupet och oskarp bakgrund, som de dock har lärt sig en japansk term för och kallar för ”bokeh” och använder mycket flitigt. Förutom tekniker och kompositioner och allmänna synpunkter är det inte många som tänker på det viktigaste med ett fotografi – det bör berätta något. Gör fotografiet inte det kan det vara aldrig så tekniskt högtstående och kompositionsmässigt ekvilibristiskt, men det viktigaste fattas och det är berättelsen.

Använd vad du lär dig av andra, vare sig det är kamrater, fotoutställningar eller på kurser. Låt dock inte någon idé styra dig bara för att någon sagt att det är så det ska gå till. Du måste själv prestera och experimentera. I den digitala eran kan vi gå ut en dag och ta ettusen rutor under en eftermiddag för att lära oss att se hur solen reflekteras mot en tegelvägg. Jo då, det är solljuset som får teglet att visa färger. Skruva på kamerans inställningar, lär dig att snabbt komma till skott. Särskilt vid gatufoto dyker fototillfället upp snabbt och försvinner ännu snabbare. Är du intresserad av gatufoto så kan du gärna betrakta dig som en revolverman i Vilda västern, ständigt beredd att skjuta. Du har inte tid att sätta igång kameran, ta av objektivlocket och hinna ta den där bilden du anar är på väg åt ditt håll. Du måste vara förberedd. Gatans motiv är lika flyende som en regnstorm i öknen. Den finns där och är över innan du har fått fingret på avtryckaren efter att ha fipplat med strömbrytaren. Så då blir det inte ens ”dåliga” bilder, det blir ingen bild alls.

Lek med formaten, gatufoto är ett mycket brett begrepp och handlar om att ta bilder i flykten ”Images à la sauvette” kallade Henri Cartier Bresson (1952) dem. Den engelska termen ”snapshot” menar jag beskriver det hela bättre än det utbredda tjatet om det ”avgörande ögonblicket”, som känns som en självklarhet för alla fotografier. Vad gäller gatufoto handlar det om att fånga det oregisserade livet och föreviga det på minneskortet.

Teknikens möjligheter

Såväl de sista 100 årens reducering av storleken på kameror som den digitala teknikens mer automatiserade hantering (om man så vill) av fotograferandet påverkar vilka bilder som kan tas, vilka fotografier som skapas och vilka fotografier som röner uppskattning i kretsen kring fotografen, särskilt inom fotoamatörskrået. Bra fotografier har, oavsett teknik, gjorts fortlöpande under fotografiets historia. Under större delen av den historiska period då fotografiet funnits med har fotograferande handlat om att fästa en negativ bild på papper, film eller på olika slags plåtar för att sedan överföra bilden till ett positiv på papper. När datortekniken gjorde sitt intåg på fotografiets arena med digitala bildfiler menade många att fotografiet, som vi känt det fram till omkring 1990, genomgick stora förändringar. Inte bara tekniken att registrera motivet, utan även fotografiets själ anses ha blivit påverkad av den digitala tekniken.

Jean Baudrillard (2009:45) menar att datorgenererade bilder förändrar vår relation till bilden som sådan. Det ultimata våldet utfört mot bilden är våldet i datorgenererade bilder som framträder ur intet från numeriska beräkningar och datorn. Detta sätter stopp även för föreställningen av bilden, dess grundläggande ”illusion”, eftersom, i datorgenerering, existerar inte längre referenten och här finns inte något utrymme också för det verkliga att ”ta plats”, utan det produceras omedelbart som virtuell verklighet. Digital produktion raderar bilden som analog. Den raderar det verkliga som något som kan vara "inbillat". Den fotografiska akten, ögonblicket av försvinnande av både motiv och objekt i samma momentana konfrontation – slutaren avskaffar världen och blicken för ett ögonblick, en synkop, en *petite mort* (liten död) som utlöser den maskinella frammaningen av bilden försvinner i digital, numerisk bearbetning. Allt detta leder oundvikligen till döden för fotografiet som originalmedia, konstaterar Baudrillard. Samtidigt med den analoga bilden har essensen av fotografi försvunnit. Den analoga bilden intygade fortfarande en levande närvaro av ett föremål för ett motiv – ett sista uppskov från den spridning och den digitala flodvåg som ligger i beredskap för oss.

Problemet med referens är redan det nästan olösligt: hur är det med den verkliga? undrar Baudrillard (2009:46). Hur är det med representation? När försvinner referensen med det virtuella, när försvinner den in i den tekniska planeringen av bilden, när finns inte längre situationen för en verklig värld översatt till en ljuskänslig film (det är samma sak med språket, som är som en känslig film av idéer), så finns det i slutändan inte längre någon möjlig representation.

Baudrillard ser hur den digitala bilden inte längre representerar det fysiska motivet i den verklighet vi har skapat ett fotografi av. Vi kan fråga oss hur viktigt det är att ha den kopplingen. Har inte fotografiet samma rätt som måleriet att utforska gränserna för vad ett fotografi kan vara, vad det kan innehålla och framför allt – hur det kan se ut? Vad som utmärker den analoga bilden är att den är den plats där en form av försvinnande på avstånd, en "frysning" av världen, utspelar sig. En slags intighet i hjärtat av bilden som Andy Warhol talade om. I den digitala bilden, eller den datorgenererade, finns inget negativt längre, ingen "tidsförskjutning". Ingenting dör eller försvinner i den digitala bilden, konstaterar Baudrillard (2009:49). Bilden är bara en produkt av ett protokoll och ett program, som förvärras av automatisk spridning från ett medium till ett annat: dator, mobiltelefon, TV-skärm, etc. – den automatiska naturen i nätverket som motsvarar det automatiska i konstruktionen av bilden.

Så, ska vi spara frånvaro? Ska vi spara tomrummet och denna intighet i centrum av bilden? Att ta bort mening tar fram det väsentliga, nämligen att bilden är viktigare än vad den talar om, precis som språket är viktigare än vad det betyder. Det värsta är just detta omöjliga i en värld utan bild – playback – en värld som alltid är fångad, filmad och fotograferad även innan den syns.

Detta är en dödlig fara för den "riktiga" världen, men också för bilden, eftersom, när den går samman med det verkliga och fördjupar sig i det verkliga och återvinner det, finns det inte längre någon bild – åtminstone inte som undantag, som illusion, som en parallell värld. I det visuella flödet där vi för närvarande befinner oss under vatten, finns det inte ens tid att bli en bild. Kommer de tankar vi har om fotografiet att för all framtid färgas av den "teknikchock" som övergången från analog till digital teknik drabbar oss med? Det är svårt att avgöra, som vid all introduktion av ny teknik finns det diskussioner av såväl hot som löfte vad gäller bruket av den nya tekniken.

Baudrillard (2009:50-51) drömmer om en bild som skulle vara en "ecriture automatique" (automatisk skrift) av världens singularitet, som ikonoklasterna i de berömda bysantinska kontroverserna drömde om. De hävdade att endast bilden där gudomen var direkt närvarande – som i Veronikas svetteduk – var autentisk, en ecriture automatique av det gudomliga ansiktet utan att någon mänsklig hand hade ingripit genom ett slags överföring/utskrift i analogi med det negativa i fotografisk film. Å andra sidan förkastade de häftigt alla ikoner som produceras av mänsklig hand, som för dem bara var simulacra av det gudomliga, det vill säga ersättningar. Däremot är den fotografiska akten, i en mening, "Acheiropoieton". Som automatisk ljusskrift som varken passerar genom det verkliga eller idén om det verkliga, kan fotografering, genom denna automatik, sägas vara prototypen för världens bokstavlighet, utan inblandning av mänsklig hand. Världen producerar sig som radikal illusion, som rent spår, utan simulering, utan mänsklig inblandning och framför allt, inte som sanning, för om det finns en suverän produkt av det mänskliga sinnet, är den produkten sanning och objektiv verklighet.

Fotografiets instabilitet

Fotografiets fysiska instabilitet handlar inte om att fotografiet skulle vara lätt att förstöra eller av sig själv kan förödas över tid. Det handlar mest om hur vi lagrar de digitala bilderna över tid. De digitala filer vi brände CD- och DVD-skivor för att lagra bilder för tio år sedan bör vi se över. Dessa plastskivor är inte så oföränderliga som det gjordes sken av när de introducerades. Fotografiet har en tendens att förändras över tid – kanske beroende på att omvärlden förändras när tiden går. Här ska vi koncentrera oss på den instabilitet som dyker upp i fotografiernas berättelser. När fotografiet är nytaget förmedlar det en viss berättelse. Den där berättelsen förändras allt eftersom åren går och fotografiet så småningom tillhör det förflutna. Det har en smula att göra med att betraktaren förändras över tid och också vad betraktaren betraktar.

På alla de sätt vi betraktar ett fotografi på så fluktuerar också dess mening med betraktelsesättet, dels beroende på vilken betraktare som för tillfället studerar bilden, dels den rådande idén om vad som är en "bra bild" vid en given tidpunkt och plats. Det som är "bra" idag behöver inte ses som bra i morgon, vare sig för de individuella betraktarna eller enligt de mer allmänt rådande estetiska idéerna.

Fotografiet tycks balansera mellan dessa två indikationer för vad som är en bild, eller vissa bilder, som inte lyckas bli rankade som varande en bild överhuvudtaget. Sedan jag började fotografera digitalt 2003 sparade jag alla tagna rutor fram till våren 2015. Detta enligt min tes att en "dålig bild idag kan vara en acceptabel bild i morgon".

När jag började radera bildrutor insåg jag att om jag varit ung idag skulle jag inte ha börjat radera. Raderingen skulle innebära att jag skulle ha gått miste om möjligheten att "upptäcka" nya tillgångar i bilder vid senare genomgångar. Nu skapar jag inga sådana planer för framtiden eftersom jag börjat inse att min tid inte varar för evigt.

Jag känner dock att de där raderade bildrutorna kanske är ett misstag. Tänk om tiden kommer ikapp dem och gör dem till fotografier jag anser är intressanta? Eller om det visar sig att jag vill skriva något om det ”misslyckade fotografiet”? Så, jag slutade att radera och ska leta igenom vissa hårddiskar efter bilder som kan betraktas som misslyckade och skriva något om varför de där bilderna betrakta som ”misslyckade”.

Bara för att resonera ytterligare kring fotografiets instabilitet är det tid att snacka om det är så att känsloläget hos betraktaren är det enda som kan förskjuta stabiliteten i ett fotografi. Det kanske inte förhåller sig så, men det är dock en av de allra viktigaste faktorerna. Så, om vi ger oss till att spekulera om allt det vi håller för säkert/instabilt är vi på väg att leta efter det som vi aldrig gett upp om att förstå i fotografiet. Kanske alla våra sparade orosmoment över vad bilden betyder inte är så viktiga som vi i förstone låter påskina? Vi vet med säkerhet att det ger oss de enkla indikationerna på vad vi bör undvika när vi tänker på hur vi ska studera bilder. Det är som om det ges oss en anledning att dela med oss av allt vi har lärt oss att undvika att det med en axelryckning eftersom det är något vi aldrig kan delge någon annan.

Vi kan betrakta fotografiet som stillastående eller ”balsamerade”, ”lägereldar”, det vill säga noder som betraktarna samlas kring och studerar berättelsernas ”läger” i bilden, hypnotiserade av vad som sker i bilden, förlorar fotfästet i rummet och dras in i ett parallellt universum som tillhör en annan fotograf. Som ”lägereld” är fotografiet i högsta grad instabilt och bär inte så långt, men det når in i sinnet på betraktaren.

Att hitta fotografiers hemligheter

Vi tolkar – eller för att använda en term som liknar vad vi är mer vana vid – vi "läser" bilder och fotografier. Tolkningen ligger i ett senare steg, när vår hjärna bearbetat vad vi sett. Det är här meningen produceras, hemligheten, eller gåtan får sin förklaring. Vi bör fråga oss är om vi verkligen har en genomtänkt, reflekterad, strategi för vår läsning av ett fotografi? Är det inte snarare så att vår blick skannar omgivningen på ett till synes kaotiskt sätt, som i själva verket är långt mycket komplicerat än vad vi föreställer oss? Sturken & Cartwright (2001:2) konstaterar att våra visuella upplevelser inte äger rum under isolering, de berikas med minnen och bilder från många olika aspekter av våra liv. Det är troligen så att våra tolkningar, eller läsningar, av bilder beror vår bakgrund, yrke, utbildning och intressen, på vår dagsform, helt enkelt. Till detta kommer hur omgivningen ter sig vid det aktuella tillfället. Här finns utrymme för många intryck som pockar på uppmärksamhet eller störningar, om man så vill. Det är dock inte lätt att läsa en bild av den myllrande omvärlden, en bra bild är komplicerad. Det kan sägas vara den komplicerade bildens uppgift att sätta igång vårt reflekterande.

"A photograph is a secret about a secret. The more it tells you the less you know." Diane Arbus citerad av Susan Sontag (1973:86).

Är betraktande av fotografier en slags taktil värld?

Maurice Merleau-Ponty (1968:133) försöker förklara hur vår blick "känner av" de synliga motiven i vår omvärld. Betraktandet omsluter och smakar av synliga saker. Som om betraktandet finns i en relation av företablerad harmoni med dem, som om det kände dem innan det kände dem, rör sig på sitt eget sätt med sin plötsliga och befallande stil. Vi betraktar inte ett kaos, utan saker – så att det slutligen kan avgöras om det är utseendet eller om det är sakerna som styr. Vad innebär denna förkärlek för det synliga, denna konst att förhöra synligheten enligt dess egna önskemål, denna inspirerade tolkning? Vi skulle kanske kunna hitta svaret i den taktila beröringen där frågeställaren och det tillfrågade är närmare och som, trots allt, är en speciell variant av ögats beröring. Hur kommer det sig att jag ger denna nivå till mina händer och att rörelseriktningen klarar att få mig att känna de strukturer hos det eleganta och det grova? Mellan utforskning och vad utforskningen kommer att lära mig, mellan mina rörelser och vad jag rör, måste det finnas ett visst principiellt samband, ett visst släktskap, enligt vilken de inte bara är, liksom amöbans uttömningar, vaga och efemära deformationer i det kroppsliga utrymmet, utan starten på och öppningen till en taktil värld. Vi begriper egentligen enbart det vi redan har förståelse för.

Maurice Merleau-Ponty (1968:134) menar att den som betraktar inte får vara främmande för den värld han betraktar. Så fort vi betraktar är det nödvändigt att synen fördubblas med en kompletterande syn eller med en annan syn. Jag själv sedd utifrån, till exempel om någon annan skulle se mig. Vi är betraktare och blir betraktade – ett ständigt pågående samspel.

Kanske vi kan säga att fotografiet blir en del av oss, eller åtminstone av vårt liv, medan vi inte kan spekulera om vi blir en del av bilden/fotografiets liv. När någon uttalar sig om huruvida ett fotografi håller konstnärlig verkshöjd eller inte förväntar sig de som tar del av denne någons utsaga att talaren förstår sig på vad han uttalar sig om.

Den franske kultursociologen Pierre Bourdieu (1979:3-6) talar om kulturellt kapital som ett sätt att självklart kunna uttala sig om kulturfenomen.

Det kulturella kapitalet ser Pierre Bourdieu som tredelat. Den första delen av kulturellt kapital beskrivs som något individen bär med sig, det är ”ristat i kroppen”. Det kulturella kapitalet är så att säga oskiljaktigt förenat med individens egen kropp, det är inkorporerat. På detta sätt har denna del likheter med habitus. Den andra delen av kulturellt kapital är kulturföremål (böcker, målningar, maskiner), som kan betraktas som objektiverade varianter av kulturellt kapital.

I varje enskilt fall följer föremålen samma strukturer som gäller för ”förkroppsligat” kulturellt kapital. Den tredje delen av det kulturella kapitalet är akademiska meriter. Dessa, liksom pengar i form av mynt, är, enligt Bourdieu, relativt oberoende av värdet på sina bärare. Denna intygade och garanterade form av kulturellt kapital väcker frågan om sociala funktioner i utbildningssystemet och kan leda till en praktisk medvetenhet om relationen mellan kulturellt kapital och det ekonomiska systemet.

Jag föreställer mig att de tre delarna samverkar under en individs levnadslopp.

Samhället beskriver Pierre Bourdieu (1995) som ett socialt rum där en individs position formar hennes habitus vilken gör henne benägen att handla på vissa sätt. Habitus kan förklaras som ett system av dispositioner som avgör individens föreställningar om världen och möjligheterna att agera.

Dispositionerna består av kollektiva minnen, sättet att röra sig, sociala erfarenheter m.m. som blivit en del av individen. Dispositionerna utgör på detta sätt ett sorts förkroppsligande av individens sociala förutsättningar. En människas habitus grundläggs genom de vanor hon införlivar i familjen och skolan och fungerar sedan som ett seglivat och ofta omedvetet handlingsmönster. Habitus kan betraktas som förkroppsligat kapital. En människas habitus är således en produkt av hennes livshistoria. Jag tänker att detta är ett sätt att beskriva den "ryggsäck" av erfarenheter vi bär med oss genom livet och de har alltså likheter med den första delen av det kulturella kapitalet Bourdieu talar om. Allt detta handlar om den kunskap om vad som är viktigt och hur vi ska bete oss för att framstå som kultiverade.

Systematik i läsningen av fotografier

Att ha en plan är alltid en fördel, då riskerar man åtminstone inte att glömma bort något. Det är antagligen viktigt att vara systematisk vid läsning av bilder, på samma sätt som det är en klar fördel att vara systematisk vid läsning av språkliga texter. Här lånar jag en strategi av Anette Kuhn (2007:284), som skrivit om ett sätt att gå tillväga:

Ta hänsyn till fotografiets mänskliga motiv. Börja med en enkel beskrivning och övergå sedan till att räkna med motivets position. I denna del av övningen, är det bra att använda tredje person ("hon", snarare än "jag", till exempel). För att få fram de känslor som är förknippade med fotografiet, kan du visualisera dig själv som motivet som han/hon var i det ögonblicket, i bilden: detta kan göras med alla mänskliga motiv, om det finns fler än ett och även med djur och livlösa föremål i bilden.

Ta hänsyn till bildens produktionssammanhang. Var, när, hur, av vem och varför togs fotografiet?

Ta hänsyn till det sammanhang i vilket en bild av detta slag skulle ha gjorts. Vilka fotografiska tekniker användes? Vilka är estetiken i bilden? Uppfyller det vissa fotografiska konventioner?

Ta hänsyn till fotografiets gångbarhet i sitt sammanhang. Vem eller vad var fotografiet gjort för? Vem har det nu och var förvaras det? Vem såg det då och vem ser det nu?

Det finns, enligt Anette Kuhn, möjligheter att skapa en klar strategi för läsning av fotografier. Vill man ansluta till hennes metod kan man göra det, eller välja en annan. Det förefaller dock vara bra att inte enbart gå på "magkänsla" utan att vara lite mer systematisk än så i läsningen av fotografier. När vi "intuitivt" läser bilden är det inte givet att det sker enligt en intellektuell plan, utan mer per automatik.

Perspektiven i bilder intresserade sig Maurice

Merleau-Ponty (1960:50) för. Merleau-Ponty menar att man inte ens behöver säga att perspektiven ”lurar oss” och att avlägsna objekt är ”större” för blotta ögat än man skulle kunna anta givet deras projektion på en ritning eller i ett fotografi – åtminstone inte av storleken vad rör de mest avlägsna och de närmaste planen. Storleken på månen vid horisonten kan inte mätas med ett antal delar av myntet jag håller i min hand, det finns en ”storlek på distans”, en typ av kvalitet som vidhäfter månen på samma sätt som varmt och kallt till andra objekt.

Roland Barthes (1961:128-129) vill också försöka ta reda på vad bilden uttrycker, hur man ska läsa den och ställer frågor: Vad är innehållet i det fotografiska meddelandet? Vad förmedlar fotografiet? Per definition är det scenen själv, själva bokstaven. Av föremålet i bilden sker förvisso en reduktion: av proportioner, perspektiv och färg. Denna minskning är inte vid något tillfälle en omvandling (i matematisk mening); för att förflytta det verkliga till ett fotografi av det verkliga är det inte nödvändigt att skära detta verkliga i bitar och bygga dessa bitar i väsentligt avvikande tecken av det objekt de erbjuder oss att läsa. Mellan detta objekt och dess bild finns det ingen anledning att ha ett relä, det vill säga en kod; bilden är inte verkligheten; men är icke desto mindre den perfekta analogin och det är just denna analoga perfektion bortom sunt förnuft som definierar fotografiet. På så sätt verkar den speciella statusen hos den fotografiska bilden: den är ett budskap utan kod; ett förslag som omedelbart måste nå en viktig konsekvens: det fotografiska budskapet är ett kontinuerligt budskap. Finns det andra meddelanden utan kod? Vid första anblicken ja: det är just alla analoga reproduktioner av verkligheten: teckningar, målningar och teater. I själva verket utvecklas vart och ett av dessa meddelanden på ett omedelbart och självklart sätt, förutom just det analoga innehållet (scen, objekt, landskap), ett nytt meddelande, som allmänt kallas reproduktionsstil; detta är en andra mening, innebörden av som är en "behandling" av bilden under inverkan av upphovsmannen, vars betydelse, eller estetik, ideologi, hänvisar till en viss "kultur" i samhället som tar emot meddelandet.

Sammanfattningsvis har alla dessa "imiterande" konstformer två budskap: ett betecknat meddelande, som är den analogon själv, och en konnotativt meddelande, som är hur samhället väljer att tyda, i viss mån, vad hon tycker. Denna dubbelhet hos meddelanden är tydlig i alla reproduktioner som inte är fotografiska: ingen teckning, hur "riktig" den än är, vars noggrannhet är utförd i realistisk stil; ingen filmad scen, vars objektivitet inte kan läsas som själva tecknet på objektivitet.

Återigen, studiet av dessa konnotativa meddelanden återstår att göra (det bör avgöra om så kallade konstverk kan reduceras till ett system av betydelser); man kan anta att det som är gemensamt hos alla dessa imiterande konster sannolikt handlar om en universell symbolik eller genom tidsperiodens retorik, med stereotyper (planer, färger, konnotativ kod, grafik, gester, uttryck, gruppering av delelement).

Vad lägger vi in i den fotografiska bilden i form av

konnotationer? Det förefaller vara en konstruktion av minnen och intryck som vi tycker fångar vad bilden uttrycker.

Vad Roland Barthes beskrev som Studium och Punctum handlar om vad alla kan uppleva/se i en bild och det som får just mig att finna bilden intressant. En av alla frågor som kan ställas kring denna tanke är om de emotioner som styr vår känsloupplevelse av fotografiet finns i bilden eller inom oss själva. Är det så att alla våra erfarenheter, studier och betraktelsedagens sinnesstämning avgör om vi kan "ta till oss" ett fotografi? Det kanske är därför som européen Roland Barthes (1961:138) kan skriva: "*Fotografier från Kina ger oss känslan av ett ogenomträngligt universum, om de stannar vid det pittoreska – det vill säga, just vår beskärning av vår uppfattning om Kina.*" Så kan det antagligen vara om vi inte växt upp i, eller levt länge i Kina. Det exotiska, det vill säga det vi inte är vana vid verkar långt mer ogenomträngligt och mystiskt/magiskt än parkeringen utanför vårt eget hus.

Jean-Claude Nancy (2005:102) konstaterar: Jag skriver, du läser. Men alla vi, *nous autres* "vi andra" som är läsare och författare av texter som rör fotografi, eller kanske av konst i allmänhet (om jag försöker föreställa mig vem som kan läsa denna text), om vi vill identifiera *oss själva* måste vi konstruera en identitet där inte allt är givet med detta enkla "vi". Varje gång då någon säger "vi" – och vem skulle säga "vi" om inte någon, en enda person? vem kan säga det om inte *jag* eller *du*? - formulerar en begäran om identifikation. För denna begäran, föreslår han drag, index, linjer, men även att han inte kan bekräfta deras omedelbara och immateriella positioner, hur *jag*, tvärtom bekräftar dem. *Jag* särskiljs från resten, precis som alla andra. *Vi* ställer samma fordran, med det uttalade syftet av värvningskaraktär, en efterfrågan, en önskan, en vilja till särskillnad. *Vi* måste konstruera vår "otherness", som är annan endast på ett tendensiöst sätt. Det är därför vi beledsagar "vi" med delar av dess begäran: "vi fotografer", "vi fransmän", "vi i den här familjen".

På samma sätt erkänner en begäran formulerad på detta sätt sin svaghet eller svårighet. Frågan är vilka "fransmännen", min familj" eller "fotograferna"... är? I varje fall är det nödvändigt att antingen konstruera ett eller att falla tillbaka på formell och yttre identifiering (identitetskort, civila register, yrkeslegitimation).

Vi tycks således ständigt konstruera vår sociala verklighet. Verklighetsuppfattning innebär i sig en slags kodning, menar John Fiske (1990:66). Koderna för fotografering medför särskilda problem, eftersom fotografering förefaller att följa naturen och vara sammansatt med analoga mått. Sökandet efter mening innebär dock att identifiera signifikanta skillnader och således införa digitala funktioner på en analog verklighet. Att sätta sextio märken runt omkretsen på en urtavla är en metafor för hur vi påtvingar verkligheten betydelse. Så verklighetsuppfattning är en kodning i sig. Perception handlar om att göra känsla av data framför oss: att identifiera viktiga skillnader och sålunda identifiera enheter – uppfatta vad vi upplever. Då det handlar om synen på de relationerna mellan dessa enheter, så kan vi se dem som en helhet. Med andra ord handlar det om att skapa paradigm och syntagm. Vår perception och förståelse av verkligheten är lika specifik som vår kultur är för vårt talade och skrivna språk. Det är i denna mening vi kan tala om verkligheten som en social konstruktion, menar Fiske.

Den franske filosofen Jean-Luc Nancy (2005:104) är intresserad av den icke-slump som passerar genom fotografering. Naturligtvis kan det också fungera i måleri. Måleriet har aldrig föreställt sig ”ögonblicksbilden”, där ett ”jag” med ett klick sammanfaller med ett ”du”, ett annat ”jag”. Fotografiet utarbetas kring den vanliga påverkan, på silverfilm eller i digital form, av ljuset och ögat, en vy från utsidan och en vy från insidan, om denna *speciella* vy (aktiv) och *denna* andra en (passiv). Denna effekt är vanligen momentant delad mellan det lysande (foto) och dess spår (grafi). I dess spår ändras det. Ljus vänder tillbaka mot ögat (in i ögat) och vad det innebär är att det inte längre är en ”vy” eller ”syn”, vare sig objektivt eller subjektivt. Det är snarare genom stigmat av överraskning som den som ”tar” fotografiet och den som ”tas” i bilden hänger ihop.

Vid den punkten i denna stigmatisering är båda tagna av varandra genom överraskning och upptäckten av varandra. De finns där, intimt och påträngande, konstigt och bekant för varandra vid samma tidpunkt, som samma bild. Denna monotoni genomsyras av en variant av dess två sammanhängande subjekt. Fotografering är, enligt Jean-Luc Nancy, ett monster med två subjekt, en dubbel kropp (mänsklig) och ett enda, ihåligt huvud vars enda öga blinkar på och av.

Det som händer vid betraktande av en bild är att vi antagligen inte enbart ser den aktuella bilden i vår reception av den. Den franske psykoanalytikern Jacques Lacan (1961:159) pekar på hur vi genom att betrakta bilder påminns om andra bilder, vilka naturligtvis tolkas med in i tolkningen av den bild vi betraktar. De karaktärer som är fotograferade, så ironiskt i filmen, med en apparat, påminner ibland oemotståndligt om gruppen, också fotograferad otaliga gånger. Innebär detta att de ändå påverkas? Inte mer än apostlarna. Det är just på denna nivå som de kunde bära den bästa vittnesbörden. Det är på grund av en viss naivitet, en viss fattigdom, en viss oskuld som de flesta har instruerat oss bäst. Det är sant att de runt Sokrates var mer lysande och att de lär oss inte mindre om överföringen. Kanske är detta den springande punkten, vid all utbildning blir vi mer receptiva för ett budskap, en mening, när vi föreställt oss att vi ska hitta den, i en bild?

Jean-Luc Nancy (2005:106) menar att det i ett fotografi alltid finns något hallucinatoriskt, något som har förlorat sin väg eller inte är på sin plats. Medan målning – eller film – på ett helt annat sätt klarar att presentera, att föra oss in i närhet med en variant av närvaro, förs fotografiet, som först förefaller benäget att arbeta i samma riktning, över till en okuvlig avlägsnande av sin egen närvaro. Det går förlorat så snart det har kopierats – som dock dras ur ingenting – den återkallas från vår fattningsförmåga, dold och hemlig. Även det sämsta fotografiet visar öppet upp en hemlighet och det gör man genom att omvandla allt till en ”otherness” desto mer förändras genom att den är nära oss, i det att den hänvisar oss till vår välbekanta omedelbarhet. Följaktligen alltid mumlar det ett *nous autres*: vi (andra) som utsätts, som är upplysta av solen, månen och projektorer, vi (andra) som är de konstiga varelser i denna värld av dag och natt, vi (andra) som överraskar oss genom att se oss själva, vända oss till visioner, genom att fotosyntetisera oss själva, vi människor och skuggor av människor, vi är våra mest riktiga och därmed våra märkligaste, mest främmande andra.

Hemligheten med fotografiet, säger Nancy (2006:106), är det mycket tydliga mysterium av att det är förlorat och irrande, är dess flykt in i det märkliga mitt i det välbekanta. Fotot *fångar* det välbekanta och omedelbart och förirrar sig till främlingskap. Genom att fånga sina egna avvägar, leder det vad det fångar på avvägar. Fotografiet *fjärmar*, det fjärmar oss. Mellan motivet för klick och det fångade motivet finns en samexistens utan tillfällighet, eller ett ögonblick utan kontakt, eller en kontakt utan koppling (vilket är lagen om kontakt). Mötet är ineffektivt i sin effektivitet (vilket handlar om lagen om mötet). På detta sätt kan vi se ytan av fotografiet på samma till synes oförklarliga sätt som Roland Barthes (1993:25 ff) ”Punctum” drar till sig vår uppmärksamhet. ”Punctum” står för en störning, eller en taktmarkering i ”studium”. ”Punctum” står för innehållet i det som sticker ut från bilden.

Maurice Merleau-Ponty (1960:256) pekar på det ironiska i hur eftervärlden använder personers liv.

Trotskijs grav, om man får tro tidningsfotografierna, bär en hammare och skära, ingenting skiljer detta emblem från Sovjetunionens. Så Trotskij fortsätter, efter sin död, att bejaka solidaritet med oktoberrevolutionen. Men det är Trotskijs öde, det är slutsatsen av Trotskijs liv. Trotskij, som fortfarande lever i det han skrev, föreslår en fråga som stenen från graven inte besvarar. Det skulle vara vårt gemensamma ansvar att svara. Det får mig att tänka på att filmen om musikern Björn Afzelius, som skrivit många bra sånger, fick sin titel från en sång skriver av den danska sångaren Anne Linnet (Tusind Stykker), eller ”Tusen bitar” på svenska.

Kapitalet producerar utan tvekan också en banaliserande generalisering av kroppen och av grannen, konstaterar Jean-Luc Nancy (2008:91). Fotografiska tvångstankar med publik intygar detta faktum, med sina eländen, sin panik, med nummer som sådana eller med erotiska tvångstankar filtrerande genom alltihop. Mest eländigt blir närheten till den banala reproduktionen av det förment kroppens ”singular” – genom miljontals exemplar. (Detta är också anledningen till ”kroppen” också har blivit den mest fadda, den plattaste, den mest ”frånkopplade” av teman och termer – i irreversibel koma.) Men vi måste ta en noggrann titt. Skräcken för banalitet, för reproduktion, firande av det unika, det exceptionella, är banalitet given i en värld som just nu faller sönder under våra fötter. Vi är alla banalt tveksamma till ”banalitet” – och om denna överbelastning av banalitet som vi fäster vid kroppen ... Men vi vet vad ”banal” är?

Den franske fenomenologiske filosofen Maurice Merleau-Ponty (2005:360-362) menar att reflektioner och ljus ofta reproduceras dåligt inom fotografi eftersom de omformas till objekt och om till exempel i en film, en person som går in i en källare håller en lampa, ser vi inte ljusstrålen som en immateriell enhet som utforskar mörkret och plockar ut föremål, eftersom den stelnar och inte längre kan visa oss objektet vid dess bortre ände. Ljus som rör sig över en vägg producerar bara pooler av bländande ljusstyrka som är lokaliserade inte på väggen, utan på filmdukens yta. Belysning och reflektion spelar då sin roll endast om de finns kvar i bakgrunden som diskreta mellanhänder och leder vår blick istället för att hejda den. Men vad ska vi förstå med det? När jag leds genom en främmande lägenhet mot dess innehavare, finns det någon som vet för min räkning, för vilken utvecklingen av det visuella skådespelet har en mening och som rör sig mot ett mål och jag lånar mig till denna kunskap som jag inte har. När någon detalj i ett landskap, som jag inte har kunnat urskilja på egen hand, pekas ut för mig, är det någon som redan har sett det, som redan vet var du stå och var du ska leta för att se den. Belysningen styr min blick och får mig att se objektet, så den på sätt och vis vet om och ser objektet. Om jag föreställer mig en teater utan publik där ridån går upp över belysta landskap, får jag intrycket att skådespelet är synligt eller redo att ses och att ljuset som sonderar fonden och förgrund häver skuggorna och genomsyrar scenen rakt igenom, på ett sätt föregriper som vår vision. Omvänt tar vår egen vision bara upp sin egen räkning och bär genom omfattningen av scenen genom dessa vägar spåras upp för den av belysning, precis som när vi hör en mening, är vi förvånade över att upptäcka spår av en främmande tanke. Vi uppfattar i överensstämmelse med ljuset, som vi gör med andra människor i verbal kommunikation. Precis som kommunikation förutsätter en viss språklig miljö genom vilken en mening är närvarande i orden, så förutsätter vår perception en apparat som kan svara mot de maningar av ljuset i enlighet med dess känsla (det vill säga i enlighet både med sin inriktning och betydelse), koncentrera den diffusa syrligheten och slutföra det som enbart förebådades i skådespelet. Denna apparat är blicken, med andra ord det naturliga sambandet mellan framträdanden och vår kinestetiska utbredning, något som inte upplevs som en lag, utan som inblandning av vår kropp i de typiska strukturerna i en värld. Belysning och beständigheten i de belysta sakerna, som är dess korrelat är direkt beroende av vår kroppsliga situation.

Skapar bildens yta dess mening? Den tjeckiskfödde brasilianske filosofen Villém Flüsser (2000:8) menar att vi vid betraktandet av bilder scannar dem och tar till oss deras inneboende mening. Bilder är ytor med mening. Bilder betyder – främst – något "där ute" i tid och rum som de måste göra begripligt för oss som abstraktioner (som inskränkningar av de fyra dimensionerna av tid och rum till längd och bredd). Denna specifika förmåga att göra ytor av tid och rum abstrakta och projicera dem tillbaka in i rum och tid är det som kallas ”fantasi”. Det är en förutsättning för produktion och dechiffrering av bilder. Med andra ord: förmågan att koda fenomen i tvådimensionella symboler och läsa dessa symboler. Betydelsen av bilderna ligger på ytan anser Flüsser. Man kan ta in dem med en enda blick, men den förblir ytlig. Om man vill fördjupa meningen, det vill säga rekonstruera abstraherade dimensioner, måste man tillåta blicken att vandra över ytan och känna av vägen när man gör det. Denna vandring över ytan av bilden kallas ”scanning”. Då följer en blick en komplex bana bildad å ena sidan av strukturen hos bilden och å andra sidan av observatörens intentioner. Betydelsen av bilden som avslöjas i processen med avsökning utgör därför en syntes av två avsikter: en manifest i bilden och den andra tillhör betraktaren. Härav följer att bilderna inte är ”denotativa” (entydiga) komplex av symboler (som siffror, till exempel), utan ”konnotativa” (tvetydiga) komplex av symboler: De ger utrymme för tolkning. Vi finner ofta skilda meningar i en bild, eftersom vi är skilda individer.

Magi och spår

Villém Flüsser (2000:9) hävdar att utrymmet och tiden som är utmärkande för bilden inte är annat än magins värld, en värld där allting upprepas och där allt deltar i ett betydande sammanhang. En sådan värld skiljer sig strukturellt från historiens linjära värld där ingenting upprepas och där allt har orsaker och kommer att få konsekvenser. I den historiska världen är till exempel soluppgången orsaken till att tuppen gal; i den magiska världen betyder soluppgång jubel och galande betyder soluppgång. Betydelsen av bilder är magiska. Flüssers tankar om bilder som magiska är på väg åt det sätt att betrakta fotografier som Susan Sontag (1973:120) gett uttryck för.

Sontags tanke är att fotografier ska betraktas som spår. Susan Sontag menar att ett fotografi inte bara är en bild (på det sätt som en målning är en bild), en tolkning av det verkliga; det är också ett spår, något som direkt avtryckts av det verkliga, som ett fotavtryck eller en dödsmask. Kanske är det en av anledningarna till att vi tycker oss se så mycket i framför allt äldre fotografier, där nostalgiska känslor fyller oss när vi betraktar dem.

Fotografiet och det undermedvetna

De saker vi vet att ett fotografi ska innehålla är inte med säkerhet de som det kommer att innehålla. Vi kan föreställa oss de där fotografierna på ett sätt vi borde ha gjort med alla de fotografier vi någonsin tagit. Det vill säga som något som dels är en fångst av verkligheten, en bråkdel av en sekund, men också som en röst från vårt eget undermedvetna, något vi inte riktigt känns vid.

Är fotografi en slags Ikea-variant av psykoanalys? Sigmund Freud (2005:139) gjorde jämförelsen mellan fotografiets negativ och dess positiva kopia när han talade om det undermedvetna. Negativet representerar då det undermedvetna, som sedan kopieras och som positiv kopia inträder i den medvetna världen. Det medvetna fiskar upp något ur det undermedvetna och presenterar det till allmänt beskådande.

Kanske det är att ta i, men det finns något själsrenande, med inslag av ökad självinsikt, i att betrakta sig själv med hjälp av de fotografier vi har tagit. Den förvåning vi kan uppleva över äldre bilder vi tagit har antagligen att göra med tiden som förflutit och att vi fått en mängd intryck sedan vi tog bilden, dels genom de saker vi förhoppningsvis lärt oss sedan vi tog fotografiet vi nu betraktar med förhållandevis nya ögon.

Det är de där ”nya” ögonen vi tar till för att lära oss mer om det vi redan kan, men behöver hjälp att se vad det är. Där vi lär oss att se de kompositioner vi gör som resultat av en röst inifrån. Tar vi många ”ödsliga” fotografier, som bland andra jag älskar att göra, vad tyder det på? Är jag tom inombords och gillar när det återspeglas i de fotografier jag framställer? Eller är mitt inres så fyllt av myllrande tankar att jag ”vilar” genom att fotografera på de mest ödsliga platser jag hittar runt omkring mig? Vad svaret på detta än blir är jag övertygad om att det finns en länk ner i det undermedvetna, en länk som inte är så självklar. Det självklara är möjligen att vi gör en massa fotografier som är ”kopior” av fotografier som andra har åstadkommit. Det sker antagligen för att vi vill se om vi kan åstadkomma ett liknande uttryck.

Det svåra med detta är att vi inte fyller fotografierna med de berättelser som är unika för oss. Då blir det svårt att se någon mening med att göra fotografier som alltför nära pekar på fotografier andra har tagit före oss. Samtidigt finns kanske inte så många alternativa vägar att gå. Inom andra uttrycksformer som litteratur, måleri, musik och film är många alster djupt ”influerade” av andra, tidigare upphovsmän.

Vi minns de japanska termerna ”sensei” och ”gakusei” som brukar översättas med ”lärare” och ”elev”, eller som ”den som går före” och ”den som följer”. Vi kan anta att vi alla följer någon ”sensei”, men frågan är om det finns en punkt då vi hamnar på vår egen spelplan, befinner oss i vårt eget laboratorium? Eller, kommer det alltid att finnas spår av andras verk i det vi skapar?

En jämförelse kan vara det talade språket. Jag talar svenska, i huvudsak som min mor, som var uppvuxen i Stockholm och för att jag också växte upp där. Jag hade en far som var från Skåne dit vi åkte på semester snart sagt varje sommar, jag gjorde värnplikten i Umeå, hälsade på släktingar i Vilhelminas lappmark som var mormors hemtrakter. Jag har bott i Ystad och Göteborg. Jag har tillägnat mig uttryck som hialös, lemmalytt, anvar, bamba och svale. Det dialektala ordförrådet är till största delen passivt, jag kan inte tala en dialekt som skulle få de infödda att tro att jag kommer från Västerbotten, Skåne eller Västkusten. Jag förstår dem dock bra.

Jag fortsätter dock att, mestadels, tala en slags medelklasstockholmska, som är en produkt av skolsystemet, men även av influenserna från Göteborg där jag kunde hotas med stryk på krogen för att jag talade utpräglad stockholmska, så jag dämpade ner barndomsdialekten en aning.

På liknande sätt menar jag att det blir med fotograferande – vi beundrar vissa fotografers verk – vi önskar att vi kan ta bilder liknande de som de tar. När vi försökt oss på det stannar rester av dessa beundrade bilder kvar i vårt undermedvetna och fungera som en likare eller rättesnöre. Dessa önskningar inkorporeras i vilken sorts fotograf vi vill vara. Till detta kommer då det bagage vi har, det Pierre Bourdieu (1979:3-6) kallar "habitus", den ryggsäck av kulturella föreställningar och kunskaper vi bär med genom livet. Detta skapar möjliga riktningar för vilken sorts fotografier vi själva anser vara bra bilder av de vi skapar. På så vis kan man säga att det inte är vi som "bestämmer" vad som är bra, vi har bara en känsla av att en bild är bra, men det är först när betraktaren kommer in i spelet som vi får andra människors reaktioner på våra bilder. Betraktaren fyller på ur sitt eget bagage och gör sin tolkning av vad din bild befinner sig på en skala. Det är dock dina bilder, du ska inte bry dig alltför mycket om vad andra säger om dem. Är bilderna bra för dig, så tycker du att du känner ditt undermedvetna och är på så sätt en del av dig.

Vår relation till fotografiet

Hur ser en gemensam relation till fotografi ut för människor – om det finns en sådan? På sätt och vis kan sägas att vi tar fotograferandet för givet, det är något vi alltid haft en relation till, vilket kan göra att vi undervärderar dess betydelse. Frågan är om fotografiet inte förtjänar bättre. Bör fotografiet inte tas på större allvar och betraktas som ett sätt för oss att använda vår erfarenhet till att möta den flod av stimuli som ett fotografi innebär för oss betraktare för att skapa ytterligare starka berättelser?

Vi kan uttryck våra uppfattningar som: ”det där är ett fult fotografi av mig”. Då menar vi förmodligen att bilden i fråga inte fångar oss på ett sätt som stämmer med den inre bild vi har av oss själva. Vad det pekar på är att den som nyss tog det där ”fula” fotografiet håller på med en annan berättelse och inte nödvändigtvis en berättelse som överlappar den berättelse vi själva anser att vi deltar i. De fotografier som vi påverkats så mycket av att vi anser att de tillhör det egna livet och framställningen av oss själva som individer på bild. Vi får svårt att får denna berättelse att stämma överens med hur vi anser att de olika berättelserna hänger samman.

När vi påverkas av en bild så är det, som noterats tidigare, reflektioner av oss själva, vi läser in saker i berättelsen som vi låter delta i spelet om våra liv. Förr bar människor med sig bilder på nära och kära i plånboken – idag finns dessa fotografier i mobilen. Där får de inte den där fint nötta patinan som plånboksfotografierna fick. På det sättet hade den analoga tiden sin absoluta charm. Det är också det sättet som min generation har vant sig vid. Vi anser, även om vi försöker vara ”uppdaterade”, att det är det ursprungliga sättet att bära med sig berättelserna om våra liv.

En fråga som bör ställas är om vår relation till fotografiet är en relation i samma bemärkelse som de vi har med levande människor eller om det rör sig om en helt annan relation. Fotografiet kan betraktas som ett objekt, en sak och det har av oss getts utrymme för de berättelser vi vill att de ska omfatta. Objektivt sett har fotografiet inga egna berättelser eller minnen att påverka omgivningen med. Ändå är det just vad vissa fotografier gör.

I alla de enheter eller delar som ett fotografi är uppbyggt av kan man säga att det har bredd och höjd. Vad gäller djupet finns det endast i den mån någon slags perspektiv fungerar i fotografiet. Ett slags tekniskt djup som vi antagligen inte borde förhålla oss så positivt till. När vi väl lärt oss att ta till oss fotografiets värld av konstruerade perspektiv är det en sak mellan upphovsman och betraktare som vi omsätter i perspektivlära.

Vad fotografiet angår så är det en djupt förborgad insikt om vad vi ska låta fotografiet låta detta ta sig för uttryck. Som om det är en del av allt det vi medvetet försöker undvika att ge oss in i. De relationerna blir allt för svåra att reda ut, men vi ska gärna göra våra försök, det ska vi. Är det så att relationen till fotografiet egentligen handlar om vår relation till fotografiets berättelse?

Det förefaller som om vi kan delta i hur många berättelser som helst och ändå betrakta de där berättelserna som delar av en och samma berättelse. Efter att ha börjat studera fotografier inträffar en period då vi alla blir ”bildknarkare” och tar in enorma mängder information genom att studera väldigt många bilder under denna period.

Fotografiernas berättelser fångar oss och skapar en hunger, ju fler bilder vi betraktar, desto fler vill vi ta del av. Det är som om vi letar efter berättelsernas upplösning, slutet på historien eller något liknande. Även om vi upptäckt något som påminner oss om detta slut så slutar vi ändå inte att betrakta bilder. De bilder vi ser bakar vi in i den fortlöpande berättelsen så att de delar av berättelserna vi ser i fotografier blir svåra att skilja från de delar som vi möter i andra delar av våra liv.

Det är som om fotografiets berättelser berättar sina förlopp som gränsar till våra liv och vi vill aldrig sluta att maximera berättelserna. I detta liknar betraktande av bilder mycket ett beroende av droger. Det är helt plötsligt mycket svårt att sluta eftersom vi integrerat bildbetraktande i våra liv. Den enda ”boten” tycks vara att fortsätta det fåfänga sökandet efter en berättelsetråd som binder samman alla de myllrande berättelserna. Vi vet dock inte med säkerhet varför alla de där berättelse-trådarna fladdrar i vinden, pockar på vår uppmärksamhet och förföriskt lockar oss.

Litteratur

Adams, Anselm. 1981. *The negative.* New York & Boston. Little, Brown and Company.

Adorno, Theodor W. 1991. (1972-76) *The culture industry: selected essays on mass culture*. London:Routledge.

Barthes, Roland. 1961. Le message photographique. I: *Communications,* 1, 1961. pp. 127-138.

Barthes, Roland. 1993. (1980) *Camera Lucida: reflections on photography.* New ed. London: Vintage.

Baudrillard, Jean. 1983. *Simulations*. Semiotext*[e]*.

Baudrillard, Jean. 2001. *Seduction*. Montreal: New World Perspectives CultureTexts Series.

Baudrillard, Jean. 2002 (2000). *Screened Out.* London, New York: VERSO.

Baudrillard, Jean. 2009 (2007). *Why Hasn't Everything Already Disappeared?* London, New York, Calcutta: Seagull Books.

Bazin, André. 1960. The Ontology of the Photographic Image. I: *Film Quarterly*, Vol. 13, No. 4. (Summer, 1960), pp. 4-9.

Bazin, André. 1967. *What is cinema? Essays selected and translated by Hugh Gray*. Berkeley, Los Angeles and London: University of California Press.

Benjamin, Walter. 1974. (1935-1939). *Das Kunstwerk im Zeitalter seiner technischen Reproduzierbarkeit.* Suhrkamp.

Benjamin, Walter. 1983. *Charles Baudelaire: A Lyric Poet in the Era of High Capitalism.* London: Verso.

Benjamin, Walter. 2008. (1936) *The Work of Art in the Age of Its Technological Reproducibility, and Other Writings on Media.*

Cambridge: Massachusetts, London: England. The Belknap Press of Harvard University Press.

Berger, John. 1972. *Ways of Seeing.* London: British Broadcasting Corporation and Penguin Books.

Bergström, Bo. 2000. *Bild & Budskap: ett triangeldrama om bildkommunikation.* Stockholm: Carlssons.

Bollon, Patrice. 2002. *Esprit d'Époque - Essai sur l'âme contemporaine et le conformisme naturel de nos sociétes.* Paris: Seuil.

Boulanger, Chantale. 1996. L'irréel photographique. I: *Applied Semiotics/Sémiotique appliquée* 1:2 (1996), 159-172.

Bourdieu, Pierre. 1990. (1965) *Photography: a middle-brow art.* Cambridge: Polity in association with Blackwell.

Bourdieu, Pierre. 1979. Les trois états du capital culturel. I: *Actes de la recherche en sciences* sociales. Vol. 30, novembre 1979. pp. 3-6.

Bourdieu, Pierre. 1992 (1990). *The logic ofpractice.* Polity Press.

Bourdieu, Pierre. 1995. (1990) *Praktiskt förnuft. Bdrag till en handlingsteori.* Göteborg: Bokförlaget *Daidalos AB.*

Bremmer, Magnus. 2015. *Konsten att tämja en bild : Fotografiet och läsarens uppmärksamhet i 1800-talets Sverige.* Diss. Lund: Mediehistoria, Lunds universitet. Mediehistoriskt arkiv 29.

Brown, Elspeth H. & Phu, Thy. (red) 2014. *Feeling photography.* Durham and London: Duke University Press.

Burgin, Victor. 1980. *The End of Art Theory: Criticism and Postmodernity.* Macmillan.

Burgin, Victor (ed.). 1982. *Thinking Photography.* London: Macmillan Press Ltd.

Burroughs, William. 1963. The Cut Up Method. I: Leroi Jones, ed., *The Moderns: An Anthology of New Writing in America* New York: Corinth Books.

Broady, Donald. 1998. *Kapitalbegreppet som utbildnings-sociologiskt verktyg.* Skeptronhäften / Skeptron Occasional Papers nr 1, 1998.

Boulanger, Chantale. 1996. L'irréel photographique. I: *Applied Semiotics/Sémiotique appliquée* 1:2 (1996), 159-172.

Camus, Albert. 1955 (1942). *The Myth Of Sisyphus And Other Essays.* New York: Knopf.

Cartier-Bresson, Henri. 1952. *The Decisive Moment.* New York, Simon and Schuster.

Centre National de la Photographie. 1983. *W. Eugene Smith.* Paris: Centre National de la Photographie.

de Certeau, Michel. 1984.(1980) *The Practice of Everyday Life.* Berkely, Los Angeles, London: University of California Press.

Confino, Alon. 2008. Memory and the History of Mentalities. I: Erll, Astrid & Nünning, Ansgar (eds). 2008. *Cultural Memory Studies: An International and Interdisciplinary Handbook.* Berlin · New York: Walter de Gruyter.

Cosman, Teodora. 2012.The Metaphors of Photography and the Metaphors of Memory: Artistic Reflections on an Album of Family Photographs, I: *Philobiblon* Vol. XVII (2012) No. 1.

Crary, Jonathan. 1988. Modernizing Vision. I: *Vision and Visuality.* Hal Foster (ed) 1988. Seattle: Bay Press.

Crary, Jonathan. 1990. T*echniques of the observer , on vision and modernity in the nineteenth century.* Cambridge, Massachusetts; London, England: MIT Press.

De Haene Rosique, María Margarita. 2009. *París y la fotografía, pasión de luz: Mirada fotográfica y visión moderna.* Universidad Autónoma de Querétaro, Serie Bellas Artes, México.

Deleuze, Gilles. 1986. (1983) *Cinema 1: The Movement-Image*, Minneapolis: University of Minnesota Press.

Deleuze, Gilles. 2003. (1981) *Francis Bacon: The Logic of Sensation.* London, New York: Continuum.

Derrida, Jacques. 2010. *Copy, Archive, Signature: A Conversation on Photography. Edited with an Introduction by Gerhard Richter.* Stanford University Press, Stanford, California.

Dewey, John. 1980 (1934). *Art as Experience.* New York: Perigee Books.

Ducasse, C. J. 1964. Art and the Language of the Emotions. I: *The Journal of Aesthetics and Art Criticism*, Vol. 23, No. 1, In Honor of Thomas Munro. (Autumn, 1964), pp. 109-112.

Dusl, Andrea Maria. 2014. *Aufnahme und Auswahl: Strategien fotografischer Praxis.* Diss. Wien: Universität für angewandte Kunst Wien.

Eco,Umberto 1982. Critique of the Image. I: Burgin, Victor (ed.). *Thinking Photography.* London: Macmillan Press Ltd.

Ekström, Anders, Jülich, Solveig & Snickars, Pelle (red). 2006. *1897: Mediehistorier kring Stockholmsutställningen.* Statens ljud- och bildarkiv.

Fiske, John. 1990. (1982) *Introduction to Communication Studies.* London, New York: Routledge.

Flusser, Vilém. 2000. (1983) *Towards a Philosophy of Photography.* London: Reaktion Books.

Freund, Gisèle. 1980 (1974) *Photography & Society.* Boston: David. Godine. Publisher, Inc.

Freud, Sigmund. 2005. (1986) *The Essentials Of Psycho-Analysis.* Selection by Anna Freud. London, Vintage Books.

Gelderloos, Carl. 2014. Simply Reproducing Reality—Brecht, Benjamin, and Renger-Patzsch on Photography. I: *German Studies Review* 37.3 (2014): 549–573.

Gibian, Peter., 2011. The Image and its Discontents: Hawthorne, Poe, and the Double Bind of 'Iconoclash' , I: *Journal of the Short Story in English* [Online], 56 | Spring 2011, Online since 01 June 2013, connection on 19 March 2015. URL : http://jsse.revues.org/1138

Gitelman, Lisa & Pingree, Geoffrey B. (eds.) 2004. *New Media, 1740-1915*. MIT press.

Gitelman, Lisa. 2006. *Always Already New: Media, History, and the Data of Culture*. London, Cambridge: The MIT Press.

Haggerty, Kevin D. & V. Ericson, Richard. 2000. The surveillant assemblage. I: *British Journal of Sociology* Vol. No. 51 Issue No. 4 (December 2000) pp. 605–622.

Hall, Edward T. 1990 (1966). *The Hidden Dimension*. Toronto, New York: The Anchor Books.

Higgins, Jackie. 2013. *Why It Does Not Have To Be In Focus: Modern Photography Explained*, New York, Thames & Hudson.

Hossaini, Ali. 2003. Vision of the Gods:An Inquiry Into the Meaning of Photography. I: *Logos* 2.3 – Summer 2003.

Jülich, Solveig. 2006. Medier som modern magi: tidiga röntgenbilder och film. I: Ekström, Anders, Jülich, Solveig & Snickars, Pelle (red). 2006. *1897: Mediehistorier kring Stockholmsutställningen.* Statens ljud- och bildarkiv.

Kember, Sarah J. 2008. The Virtual Life of Photography. I: *Photographies* Vol. 1, No. 2, September 2008, pp. 175–203.

Krauss, Rosalind. 1978. Tracing Nadar. I: *October*, Vol. 5, Photography. (Summer, 1978), pp. 29-47.

Kuhn, Anette. 2007. Photography and cultural memory: a methodological exploration. I: *Visual Studies*, Vol. 22, No. 3, December 2007.

Lacan, Jacques. 1981. (1973) *The seminar of Jacques Lacan. Book XI, The four fundamentals of Psychoanalysis.* New York, London: W.W.Norton & Company.

Lacroix, Michel. 2001. *Le culte de l'émotion.* Paris: Flammarion.

Latour, Bruno. 1993. (1991) *We Have Never Been Modern.* Cambridge, Massachusetts: Harvard University Press.

Latour, Bruno & Hermant, Emilie. 1998. *Paris ville invisible.* Paris: La Découverte-Les Empêcheurs de penser en rond.

Lefebvre, Henri. 1991. (1947) *Critique of Everyday Life: Volume I*. Verso, London & New York.

Lyotard, Jean-François. 1984. (1979) *The postmodern condition: a report on knowledge*. Manchester: Manchester Univ. Press.

McLuhan, Marshall. 1967. (1964) *Media: Människans utbyggnader.* Stockholm: Bokförlaget PAN/Norstedts.

Merleau-Ponty, Maurice. 1960. *Signes*. Paris: Les Éditions Gallimard.

Merleau-Ponty, Maurice. 1968 (1964). *The Visible and the Invisible.* Evanston: Northwestern University Press.

Merleau-Ponty, Maurice. 2005. (1945) *Phenomenology of Perception.* London and New York: Routledge.

Mitchell, William J. 1992. *The reconfigured eye: visual truth in the post-photographic era*. Cambridge, Mass.: MIT Press.

Mitchell, William J. T. 1994. *Picture Theory: essays on verbal and visual representation.* London: University of Chicago Press.

Mitchell, W. J. T. 1996. What Do Pictures "Really" Want? I: *October*, Vol. 77. (Summer, 1996), pp. 71-82.

Mitchell, W. J. T. 2005. *What do pictures want?: the lives and loves of images*. Chicago: University of Chicago Press.

Molderings, Herbert. 2014. Photographic History in the Spirit of Constructivism: Reflections on Walter Benjamin's "Little History of Photography". I: *Art in Translation*, Volume 6, Issue 3, pp. 317–344

Nancy, Jean-Luc. 2005. (1999) *The ground of the image. New York: Fordham University Press.*

Nancy, Jean-Luc. 2008. (2006) *Corpus*. New York: Fordham University Press.

Panayotopoulos, Nikos. 2008. *Terra Cognita: The Western Hegemonic Representations Of Greece Through the Case of Athens*. elevarbete. University of Derby, Great Britain.

Parsons, Sarah. 2009. Sontag's Lament: Emotion, Ethics, and Photography. I: *Photography & Culture*, Volume 2—Issue 3 November 2009, pp. 289–302.

Rancière, Jacques. 2004 (2000).*The Politics of Aesthetics: The Distribution of the Sensible*. London, New York, Continuum International Publishing group.

Rancière, Jacques. 2007. *The Future of the Image*. London and New York: Verso.

Ray, Man. 1974 (1963). *Självporträtt.* Lund: Bo Cavefors Bokförlag.

Sartre, Jean-Paul. 2005. (1940) *The Imaginary: A phenomenological psychology of the imagination.* New York, London: Routledge.

Sassoon, Joanna. 2007. Photographic Meaning in the Age of Digital Reproduction. I: *Archives & Social Studies: A Journal of Interdisciplinary Research Vol. 1, no. 0 (March 2007).*

Sekula, Allan. 1982. On the Invention of Photographic Meaning. I: Burgin (ed.) *Thinking Photography.* London: MacMillan. pp. 84-109.

Scott, Clive. 1999. *The Spoken Image: Photography and Language.* Eastbourne: Reaktion Books. Scott, Clive. 2007. *Street photography: from Atget to Cartier Bresson.* I.B. Tauris & Co. Ltd.

Sonesson, Göran. 1989. *Semiotics of Photography: On tracing the index.* Report 4 from the Project "Pictorial meanings in the society of information". Lund University.

Sonesson, Göran. 1999. Post-photography and beyond: From mechanical reproduction to digital production. I: *Visio, 4,1 Spring 1999: Postphotography. Sonesson, Göran, (ed.), 11-36.*

Sousanis, Nick. 2015. *Unflattening.* Cambridge, Mass.: Harvard University Press.

Sontag, Susan. 1973. *On photography.* New York: Farrar, Straus and Giroux.

Sztompka, Piotr. 2008. The Focus on Everyday Life: a New Turn in Sociology. I: *European Review,* Vol. 16, No. 1, 1–15, 2008, Academia Europæa.

Sturken, Marita & Cartwright, Lisa. 2001. *Practices of looking: an introduction to visual culture*. Oxford: Oxford University Press.

Toffler, Alvin. 1980. *The Future Shock: The Third Wave.* New York: Bantam Books.

Tomanić Trivundža, Ilija. 2014. Records of Facts or Records of Mystification? Brief Notes on the "Surplus Value" of the Photographic Image. I: *Media Practice and Everyday Agency in Europe*. edited by Leif Kramp et al. Bremen: edition lumière.

Trachtenberg, Alan (ed.), 1980. *Classic Essays on Photography,* New Haven: Leete's Island Books.

Örnebring, Henrik. 2008. The Consumer as Producer – of what? User-generated tabloid content in The Sun (UK) and Aftonbladet (Sweden). I: *Journalism Studies*, Vol. 9, No 5, 2008, 771-785.

Övriga källor

Meddelanden från K. Kommerskollegii avdelning för arbets-statistik. 1903. Stockholm P. A. Norstedt & Söner.

Gilden, Bruce. 2015. http://www.brucegilden.com/ (Accessed 2015-04-30)

Sontag, Susan. 2014. http://www.dn.se/kultur-noje/susan-sontag-ger-har-i-fjorton-punkter-sin-estetik-i-mikroformat/ (Accessed 2015-04-03)